名字の言
選集

②

聖教新聞社・編

鳳書院

名字《みょうじ》の言《げん》　選集《せんしゅう》〈2〉

「まえがき」にかえて

目標に向かって努力する人は美しい

2014・10・19

創価大学が箱根駅伝《はこねえきでん》初出場を決めた。今から来年1月2、3日の快走《かいそう》が楽しみだ。

今回の予選会には、伝統校はじめ48校が参加した。10校が本大会出場となるが、創大は10位で突破《とっぱ》。11位との差は、わずか49秒。予選会は各校12人以内が出場し、上位10人の合計タイムで競《きそ》う。結果的には創大チームの一人が5秒弱、相手チームより勝《まさ》ったことになる。

創大陸上競技部駅伝チームの主将が語っていた。「生活のスキをなくしました。基本を徹《てっ》底的《ていてき》に意識しました」。同チームは合宿所で共同生活を送るが、時間を守ることなど、ルール厳守《げんしゅ》を徹底したという。自分の甘《あま》えを持ち込むことを排《はい》したのだ。駅伝に限らず、普段の生活態度が、いざという勝負どころに出る。

箱根駅伝の生みの親は金栗四三氏。箱根駅伝の最優秀選手に贈られる金栗杯《はい》といえば、耳にしたことがあるだろう。日本のオリンピック選手第1号で、「日本のマラソン王」と呼ばれる。五輪マラソンでの失敗の経験を、日本のマラソン界発展の力《ちから》に転換した氏。氏の人生を象徴《しょうちょう》する言葉が「体力、気力、努力」である。

目標に向かって努力する人は美しい。私たちも人生勝利のゴールを目指し、「努力、努力」の歩《あゆ》みでありたい。創大陸上競技部駅伝チームの栄冠《えいかん》、おめでとう！

2015・1・4

この一年　挑戦の道を走り始めよう

「箱根《はこね》こす人も有《ある》らし今朝《けさ》の雪」（芭蕉《ばしょう》）

9年ぶりに都心《としん》に雪が舞《ま》った元日。神奈川・

白雪の富士が見守るなか、力走する創価大学の選手（2015年1月3日）

箱根地方も雪模様《もよう》だったが、2日、3日は好天に恵《めぐ》まれた。古来、「天下の険《けん》」といわれた難《なん》所《しょ》を舞台に、世界遺産《いさん》の富士が見守る中、新春恒例の駅伝ドラマが今年も繰《く》り広げられた。

箱根駅伝では、東京、川崎、横浜の都市部から湘南《しょうなん》の海沿《うみぞ》い、箱根の山を往復する選手たちへ、ほとんど絶《た》え間なく沿道《えんどう》から声援が送られる。新鋭《しんえい》の1年生、最後の競技となる4年生、その疾走《しっそう》、快走、苦痛に顔をゆがめながらの力走にも、若い命のほとばしりを皆でたたえ、励ます良き伝統だ。

出場できなかったメンバーが、給水係として支《ささ》える姿もあった。駅伝も青春も、そして人生も、最後は自分に勝つ戦いである。だが、その栄冠《えいかん》をつかむ人には、必《かなら》ず周囲の力添《ちからぞ》えがある。

創価大学の選手も多くの応援を背に、さまざまな人の思いがこもった、友情と団結のタスキをかけ、全力で走り抜いた。「初出場創価大学、大健闘!」――1区から2区へ、創大史上初《はつ》のタスキリレーの際、テレビでアナウンサーが叫《さけ》んだ。

創大のチャレンジは始まったばかり。新たな歴史を開いた創価の走者らに学び、私たちも青年と共《とも》に、この一年、挑戦の道を走り始めよう。

頼むぞ！——タスキを握り締め、山登りの５区、箱根の難所に挑む
(2015年１月２日)

さあ、栄光に向かって！　箱根の山から復路がスタート（同年１月３日）

名字の言　選集〈2〉――目次

第2章　人生に向き合う

第3章　友情を広げる

第4章　平和を誓《ちか》う

第5章　使命に生きる

※本文中、「新編日蓮大聖人御書全集（創価学会版）」の引用については、（御書〇〇ページ）と表記しました。

装幀●澤井慶子

（池田名誉会長撮影。1983年4月、宮城）

第1章　復興《ふっこう》へ一歩《いっぽ》ずつ

2014・1・11

信じ合い、見守《みまも》り支《ささ》え合う。そこに必《かなら》ず、春は来る

東日本大震災《ひがしにほんだいしんさい》で家族を失《うしな》った子どもたちに、「心のケア」を続ける団体の催《もよお》しで、長く孤児《こじ》・遺児支援《いじしえん》を続ける米国のNGO（非政府組織）代表の講演を聴《き》いた。戦争や災害などで、家族を失った子どもたちに寄《よ》り添《そ》い続けた膨大《ぼうだい》な経験に基《もと》づく話は、示唆《しさ》に富《と》んでいた。

代表は、大震災以降、何度も来日し、被災地《ひさいち》支援を続ける。こう語っていた。「もうすぐ3年がたちます。周囲からの『いつまでも後《うし》ろを見ずに、前を向いて』という励ましは、ときとして被災者に大きなダメージを与《あた》えることになります」。

なぜか？

「被災者は、ずっと前を見てきたんです。何月何日までに、避難所《ひなんじょ》を出てください。何月何日までに、仮設住宅の手続きをしてください。ある意味、前ばかり見てきた3年間。ゆっくり振《ふ》り返《かえ》る時間が必要な方《かた》もいるのではないでしょうか」

人を励ますとき、最も大切なのは当事者の気持ちだろう。それを知るためには、まず「聴《き》くこと」。時には、つらくて話したくないこともある。その時は「待《ま》つこと」。代表が語っていた。「あくまで人を信じること。どんなつらい目にあっても、人には、いつかは克服《こくふく》する力《ちから》があると信じることです」

信じ合い、見守《みまも》り支《ささ》え合う。そこに必《かなら》ず、春は来る。

2014・1・18

「人間教育第一」で 心の復興に尽力《じんりょく》

牧口常三郎《つねさぶろう》初代会長の出身校・新潟の荒浜尋常《あらはまじんじょう》小学校が、創立50周年の記念に、「東京荒浜協会」から校旗の寄贈《きぞう》を受けた。90年前（1924年）の1月のことだ。同協会の会長だった牧口先生の筆による寄贈文が残っている。「思い出すのは母校の恩恵《おんけい》の洪大《こうだい》なる事で在《あ》ります」との真情《しんじょう》がつづられている。

前年9月の関東大震災から4カ月余。混乱の中にある首都から遠く故郷を、同窓《どうそう》を、教師を思いやる創価教育の父の姿がしのばれる。「最も痛切《つうせつ》に感ずるのは教育第一ということ」との言葉も印象的だ。

政治や経済優先《ゆうせん》では、心豊《ゆた》かな社会は創《つく》れない。池田名誉会長は語る。「『人間教育第一』で進むかどうかで、21世紀が平和となり、繁栄《はんえい》するかどうかが決定します」と。

教育の力《ちから》で、震災からの心の復興へ尽力《じんりょく》する東北の教育部員たち。昨年11月、教育実践を報告する大会の模様が、本紙の東北版全面に掲載《けいさい》され、反響《はんきょう》を呼んだ。東北、そして全国の教育本部の友が今、誕生30周年の教育部歌「太陽のマーチ」にある「ああ教育の　我《われ》らは太陽」の歌詞を胸に奮闘《ふんとう》している。

混迷《こんめい》が深まる時代の闇《やみ》を払い、笑顔が光る未来を開くために、教育者はじめ全《すべ》ての大人が、子どもにとっての〝励ましの太陽〟と輝《かがや》いていきたい。

2014・2・3

顔の見える小さなコミュニティーづくり

東日本大震災の被災地を取材していて、小さな単位で地域を知り、語ることの大切さを何度も実感した。

「(岩手県・大槌町《おおつちちょう》の)安渡《あんど》の小学校の校庭の仮設住宅ですね」「(仙台市宮城野《みやぎの》区蒲生《がもう》の)上屋倉《かみやぐら》を海側にいったところですね」。取材のやり取りのなかで、ふとそう口《くち》にしたとき、先方が一気に親《した》しく語り掛《か》けてきた経験は2度、3度ではなかった。他地域から話を聞きに通《かよ》っている記者が、「大字《おおあざ》」「字《あざ》」のような、市町村より小さな地名を語るようになれたとき、地域の「仲間」の末席に加われたのかもしれない、と思うことがある。

気鋭《きえい》の社会学者で、被災各地の支援《しえん》も行《おこな》っている新雅史《あらたまさふみ》さんは「被災地だけでなく、これからの日本を考えるとき、『公民館』を中心としたぐらいの、顔の見える小さな単位のコミュニティーづくりが必須《ひっす》になってくる」と語っていた。

避難所、仮設住宅を転々としながらも、さまざまな工夫《くふう》で「町内会」の団結を維持してきたある自治会長は言っていた。「私たちのような小さな工夫と団結が、あちこちで生まれれば、日本は変わるかもしれない」

創価学会の「地区」「ブロック」——顔の見える集いが、和気あいあいと団結し、切磋琢磨《せっさたくま》していく。社会の変革の基盤《きばん》はそこにある。

2014・2・13

信仰で磨《みが》かれた人間性の輝《かがや》きは　人から人へ

大災害は人間の本質をあらわにする。だが、表《あらわ》れるのは、むき出しの利己心《りこしん》だけではない。むしろ助け合う心、「人のため」という利他心《りた》である。

東北の津波《つなみ》被災地へ派遣《はけん》された、都市設計の専門家がいた。そこで見たものは想像を絶《ぜっ》する破壊《はかい》の跡《あと》と、家族を亡《な》くし悲嘆《ひたん》に暮《く》れる人々。避難所等を回《まわ》っても、ただ寄《よ》り添《そ》い、共《とも》に泣くしかなかった。

その中で、この壮年の目に、被災者のために全身全霊《ぜんしんぜんれい》で働《はたら》く人々の姿が映《うつ》った。学会員の医師や看護師《かんごし》らである。「その存在は抜《ぬ》きん出て輝《かがや》いていました」

懸命《けんめい》に働く、いや戦うといっていい、その情熱の源《みなもと》を知りたいと思った。彼・彼女らと話す中で、学会の歴史と精神、池田名誉会長の励ましの足跡《そくせき》を知る。関西から東京・中野に転居《てんきょ》した壮年は自《みずか》ら進んで入会。地域の同志に触《ふ》れ確信を深めると、昨年と今年、仕事仲間の壮年2人を続けて信心に導《みちび》いた。

ゲーテの『ファウスト』に「自分に実感がなければ、ひとを摑《つか》めるはずはない」(手塚富雄訳)という言葉がある。被災地の医師らは、社会貢献をことさら意識したのではあるまい。信仰で磨《みが》いた人間性の輝きを、おのずと放《はな》っていた。それが壮年の心を捉《とら》え、さらに次の壮年へと伝わった。素晴らしい人間革命の連鎖《れんさ》である。

2014・2・23

寄《よ》り添《そ》う人がいれば　人は生きられる

東日本大震災で被災した福島県いわき市の塩屋埼灯台《しおやさきとうだい》が22日、約3年ぶりに一般公開を再開した。ここに赴任《ふにん》した灯台守《もり》の夫人の手記を基《もと》に作られた映画がある。木下恵介監督の「喜びも悲しみも幾歳月《いくとしつき》」である。

映画の中で、灯台守の妻が嘆《なげ》くシーンがある。〝光を守るために私たちがどれほどの労苦《ろうく》を重《かさ》ねているか、誰も分かってくれない〟と。「俺《おれ》の苦労は、お前が知ってる。お前の苦労は、俺が知ってる」と答える夫に、妻は目を潤《うる》ませる。心に寄《よ》り添《そ》ってくれる人が「一人」でもいれば、人は、生きる力《ちから》を見いだせる。

大震災直後、仙台市の東北文化会館に届《とど》いたおむすびに、手紙が添えてあった。中越地方を襲《おそ》った2度の地震を乗《の》り越《こ》えた、新潟の女子未来部員からだった。一人でも多くの人に思いを伝えたいと、急いで何枚も書いたのだろう。青い便箋《びんせん》に走り書きで、「絶対に大丈夫。共《とも》に頑張《がんば》りましょう」とあった。

先日、手紙を書いた本人に話を聞いた。〝少しでも東北の皆さんの心が晴れるように〟と青い便箋を選び、いつまでも無事を祈っています、との思いを込めたという。

苦労を味《あじ》わい、励まされた人は、今度は、苦労と戦う人を励ませる存在になる。自身が光り輝《かがや》けば、人生に闇《やみ》はない。

2014・3・11

復興へ走る同志に　伴《ばん》走《そう》し続ける

東日本大震災から3年がたった。だが、原発事故の影響で、今も立ち入りに制限がかかる区域内の会館の一室には、2011年3月のカレンダーが張《は》られ、時計の針《はり》は2時46分を指《さ》したまま。時は流れても、進まないものもある。

それだけに、復興へ歩《あゆ》む友を取材するたび、胸が熱《あつ》くなる。再起《さいき》への第一歩を踏《ふ》み出した勇気、きょうまで流した涙《なみだ》、負けない決心の深さは、いかばかりだろうか、と。

宮城県の、ある壮年部員は走り続けている。彼は大震災による津波で、当時

19歳の娘を失《うしな》った。昨夏、ジョギングの愛好《あいこう》が高《こう》じて、２０２０年の東京五輪の際に聖火《せいか》を運ぶコースを想定した、被災地１０００キロを南下するリレーに出場。彼が走った区間は、娘が最後にいた地域だった。

走ることは使命に昇華《しょうか》した。「6年後の聖火リレーで再《ふたた》び、同じコースを走り、娘に父の雄姿《ゆうし》を見せたい」

彼の手元に、娘が15歳の時に書いた「5年後の私へ」と題した手紙がある。そこには、「今、あなたは夢に向かって努力していますか?」と。受け取るはずだった20歳の娘の代わりに、彼がその言葉を受け止める。

復興への歩みは、自分の歩幅《ほはば》でいい。人と比《くら》べる必要もない。試練《しれん》に屈《くっ》せず走る同志に、伴走《ばんそう》し続ける一人でありたい。

2014・3・16

「新生《しんせい》・東北」の未来を開《ひら》く主役たち

風評被害《ふうひょうひがい》と戦いながら、今年も米作りに挑《いど》む、福島の壮年部員と語り合った。今は、稲《いね》となる種《たね》をそろえたところだという。これから発芽《はつが》させ、苗《なえ》に育て、野山が春を告《つ》げたころ、田植《たう》えが始まる。

冷夏《れいか》、長雨、台風……自然相手の稲作《いなさく》に試練《しれん》は多い。「だから、収穫《しゅうかく》の秋を迎え、黄金の波打つ自慢《じまん》の田んぼを、常《つね》に心に思い浮かべて頑張《がんば》んのさ」。優《やさ》しく指でつまんだ一粒《ひとつぶ》の種を見詰《みつ》めて、彼は言った。

未来を信じ抜く中に、「今」を生きる力《ちから》が宿《やど》る。それが人間だと思う出来事が、先日もあった。新・東北文化会館の起工式《きこうしき》。鍬入《くわい》れ式の後、参加者全員で記念の鍬入れをすることに。最初に鍬を渡されたのは、地元の子どもたちだった。「ここに完成する新法城で信心を磨《みが》き、未来を開《ひら》く主役たちです」との紹介に拍手が起きた。

その中に4人きょうだいがいた。上の3人は、震災時に東北文化会館で避難生活を経験。1歳の末《すえ》っ子は震災後に生まれた。大人の手を借《か》り、元気に鍬を振《ふ》るうのに合わせて、「エイ!」「エイ!」と唱和《しょうわ》する声がこだました。

参加者の心には描《えが》かれたはずだ。新会館の姿、そして、凛々《りり》しい青年に成長した子らの姿が。「新生《しんせい》・東北」の未来へ、希望を抱《だ》きしめて、震災3年の春を歩《あゆ》んでいこう。

2014・3・23

三陸鉄道《さんりくてつどう》は走る　さまざまな人の思いを乗せて

岩手県を走る三陸鉄道《さんりくてつどう》の社員の手記を読んだ（『線路はつながった』）。大震災の2日後、社長らが被災現場の確認に行った。津波で線路や駅舎は流され、立ち尽《つ》くしていると、いつ動くのかと、一人の市民が話し掛《か》けてきた。聞けば、子どもが三陸鉄道で高校に通《かよ》うのだという。鉄道の再開を待《ま》ち望《のぞ》む人がいると痛感《つうかん》した社長は、できる所から、一刻《いっこく》も早く走らせると誓《ちか》った。部分開通を重《かさ》ね、ついにこの4月6日、全線復旧《ふっきゅう》する。

今春、高校に入学し、三陸鉄道で通学する男子未来部員がいる。彼は津波で父を失《うしな》った。父は海の男だった。海で知り合った母と結婚し、2人の子どもの名前に「海」の1字を入れた。その海が、父を奪《うば》った。

父が見つかったのは、震災から半年後。父がどこにいるか分からない不安な中での小学校の卒業式、中学校の入学式……彼の胸中《きょうちゅう》は察《さっ》するにあまりある。それでも「海を恨《うら》んではいない」と言う。悲しみ以上に、心と体と頭を強くしろと励ましてくれた、父への感謝の気持ちのほうが大きい、とも。

4月から彼は、朝一番の列車で、海を見ながら学校へ通う。心には、彼の成長を待ち望んだ父の笑顔があるはずだ。父子の旅路《たびじ》は続く。さまざまな人の思いを乗せて、春風は流れる。

2014・4・9

入学式——校歌とともに新しい挑戦が始まる

入学式の季節。さまざまな校歌が列島に響《ひび》く。学校生活の折々《おりおり》に歌われる校歌は、卒業後も覚《おぼ》えているもの。口《くち》ずさむと、若き日の思い出がよみがえる。

全国の校歌の歌詞を調査した『校歌——心の原風景《げんふうけい》』（浅見雅子・北村眞一著、学文社）によると、校歌には学校の教育方針をはじめ、自然環境、気候、歴史などが詠《よ》み込《こ》まれているという。それが私たちの心の原風景となっている。

民主音楽協会などが一昨年から東日本大震災の被災地の小・中学校で開催している「東北希望コンサート」。第1回となった中学校は、津波で校舎が全壊《ぜんかい》したため、山間部《さんかんぶ》の閉校した校舎で授業を再開していた。

コンサートの席上、生徒の代表が〝校舎を失《うしな》う中、私たちの誇《ほこ》りを呼《よ》び覚《さ》ましてくれたのが校歌でした〟と語り、返礼として自分たちの校歌を披露《ひろう》した。以来、同コンサートでは、アーティストと生徒が一緒にその学校の校歌を歌う。自然と心が一つになる。

〽富士が見えるぞ　武蔵野《むさしの》の（東京校の校歌「草木は萌《も》ゆる」5番の冒頭）

〽ああ関西に　父子《ふし》の詩《うた》（関西校の校歌「栄光の旗《はた》」3番の冒頭）

東西の創価学園には、学園生と創立者・池田名誉会長との共同作業で作られた伝統の校歌がある。創立者が「私の大好きな歌」と語る創価学園の歌と共《とも》に、未来を築《きず》く学園生たちも新しい挑戦を始める。

2014・4・11

今こそ前進の時――自《みずか》ら決めて〝先手《せんて》〟を打つ

花吹雪《はなふぶき》の光景をまぶたに残し、東京ではもう、葉桜《はざくら》が風に揺《ゆ》れている。若葉《わかば》がいっぺんに伸《の》びる瞬発力《しゅんぱつりょく》。聞けば、ソメイヨシノなどは「花芽《はなめ》」と同時に「葉芽《はめ》」も成長しているそうだ。花の陰《かげ》で、桜は既《すで》に、次への〝先手《せんて》〟を打っていた。

東日本大震災の津波で自宅を失《うしな》った、岩手県の壮年。家が貧《まず》しく、中学を卒業してすぐに働《はたら》きに出た。勉強は続けねばと思い、男子部時代から本紙の切り抜きを始めた。以来、45年以上にわたって作り続けた〝切り抜きノート〟は約100冊。全《すべ》て、自宅と共《とも》に流されてしまった。

だが、何もない仮設住宅に入ったとき、「湿《しめ》れる木《き》より火《ひ》を出《いだ》し乾《かわ》ける土《つち》より水《みず》を儲《もう》けんが如《ごと》く強盛《ごうじょう》に申《もう》すなり」（御書1132ジペー）——心に刻《きざ》んできた御文《ごもん》が浮《う》かんだ。〝ここからが信心の勝負！〟と奮《ふる》い立った。切り抜きも、「一」から始めた。

壮年は昨年末、新たな自宅を建てた。地道《じみち》に貫《つらぬ》いてきた信仰実践。それが図《はか》らずも、大きな苦難に打ち勝つための〝心の先手〟になっていた。

「葉桜」という言葉は、新緑《しんりょく》の桜だけを特に指《さ》す。時を待つのでなく、今こそが前進する時——自《みずか》らそう決めて、苦難に負けない強い自身をつくる〝先手〟の日々を送りたい。ここに「人生勝利の要諦《ようてい》」がある。

2014・4・24

風雪《ふうせつ》に耐《た》えて咲《さ》いた東北の福光桜《ふっこうざくら》

「あれから3年余《あま》り。卒業式もままならなかった子どもたちも立派《りっぱ》に成長し、その晴れ姿は復興《ふっこう》の希望となりました」

「今では住み慣《な》れた仮設住宅、借《か》り上《あ》げ住宅も『第2、第3のいとおしい我《わ》が家よ』と思える境涯《きょうがい》になりました」

今月13日、福島県郡山《こおりやま》市内で開催された、原発事故に伴《ともな》う避難者の集《つど》い。代表が「今の思い」を語った。事故から間もなく3年2カ月。こう言えるまでに、どれほどの悲しみの坂を越《こ》えたことだろう。

1月 2月 3月 4月 5月 6月 7月 8月 9月 10月 11月 12月

原発避難者は13万人以上、東日本大震災の避難者は26万人を超《こ》える。だが、もちろん数字の問題ではない。一人一人に故郷があり、人生がある。

文豪のトーマス・マンは「自分を隣人《りんじん》の立場に置《お》きかえ、他人の目で考えてみることによって自分の真の状態を知ろうとしない人間は生きてはこれなかった」(望月市恵・小塩節訳)と。悲しみ、苦しみを分かち合おうとする心は、人間として生きていく条件と言うのだ。「同苦《どうく》」の心を忘《わす》れない人でありたい。

原発避難者の集いと時を合わせたかのように、福光桜《ふっこうざくら》の開花の便《たよ》りが届《とど》いた。復興を誓い、東北の被災地域の会館に植樹《しょくじゅ》した桜である。風雪《ふうせつ》に耐《た》え抜いた東北の桜はより美しく見える。凛《りん》と咲《さ》く花に、人生の春を信じて進む友の姿が重《かさ》なった。

2014・5・2

ベテラン漁師さんほど　地道《じみち》な作業を丁寧《ていねい》に行《おこな》う

東日本大震災で大きな打撃《だげき》を受けた漁港で、ワカメの収穫を手伝うボランティアに立ち会った。人口流出や廃業《はいぎょう》で、漁協《ぎょきょう》の組合員が半分になり、残った人員での作業負担《ふたん》は大きい。それを少しでも軽くと、支援団体が漁協と共同で始めた活動だ。

1トンほどのワカメの山から、大ざっぱに一抱《ひとかか》えをプラスチックケースに入れる。次のグループが正確に計量し、定量に分ける。次のグループは塩を振《ふ》り、袋に詰《つ》める。

地元のベテラン漁師さんは、スピードが断然《だんぜん》、違《ちが》う。見ていてコツが分かった。ボランティア組は、自分の分担を早くこなそうとする。例えば、ワカメの山から無造作《むぞうさ》に塊《かたまり》のまま、ケースに入れる。すると、ワカメが絡《から》まり、次の計量作業で、ワカメ1本単位の加減《かげん》が非常に難《むずか》しくなる。

漁師さんたちは、次の人が作業をしやすくなるように、一つの仕事を時間をかけて丁寧《ていねい》に行う。それが結局、全体の作業を早くしていた。とても大事なことを学んだ気がした。

一見《いっけん》、遠回《とおまわ》りの地道《じみち》な作業が、結局は、確実な実《みの》りをもたらす。他への思いやりが、自分も含《ふく》めた全体へ、よき変化をもたらす。考えれば、創価学会が長年果たしてきた「地域貢献」「世界平和」への確かな歩《あゆ》みは、それを大切にしてきたからだろう。

2014・5・9

希望の曲を――きょう「音楽隊の日」60周年

芥川龍之介《あくたがわりゅうのすけ》が、関東大震災で焼けた東京・丸の内を歩いていた。すると、少年の歌う「ケンタッキーのわが家」が聞こえてきた。「僕を捉《とら》へてゐた否定の精神を打ち破《やぶ》つた」と、芥川は、その時の真情《しんじょう》を記《しる》した（『芥川龍之介全集4』筑摩書房）。

人間は、自然の猛威《もうい》の前には無力《むりょく》だが、そこに甘《あま》んじてはいない。「人間の尊《そん》厳《げん》」を取り戻《もど》し、希望を創《つく》り出す力《ちから》を持っている。その方法の一つが「音楽」であろう。

先月、岩手県の三陸沿岸地域《さんりくえんがん》の3会場で、音楽隊の創価グロリア吹奏楽団《すいそうがくだん》が「希望の絆《きずな》」コンサートを開催した。最終公演で、予定の全曲を終えたとき、指揮者《しき しゃ》が会場に呼《よ》び掛《か》けた。「もう一曲、演奏させてください」。賛同《さんどう》の拍手。会場いっぱいに勇壮な学会歌が鳴《な》り響《ひび》き、聴衆《ちょうしゅう》が力強《ちからづよ》い歌声を重《かさ》ねた。

「学会歌を歌えば、新しい力がわく。新しい息吹《いぶき》がみなぎる。新しい目標に向かっていける」と池田名誉会長。友の歌声には、復興への決意が満々《まんまん》とあふれていた。

きょう5月9日は「音楽隊の日」。60周年という新生《しんせい》の節目《ふしめ》を刻《きざ》んだ彼らも、新学会歌「誓《ちか》いの青年《きみ》よ」とともに新たな開拓《かいたく》に歩《あゆ》み出す。「苦しい同志に、悩《なや》める同志に、希望を与《あた》え、勇気を与える」(「音楽隊訓」)——この不変《ふへん》の使命を胸に響かせながら。

２０１４・５・11

心に「母」のいる人は　絶対に負けない

人は、花に祈りを込めて贈《おく》る。祝福の花束《はなたば》には〝幸《さち》あれ〟と、友を見舞《みま》うときは〝元気になって〟との思いを託《たく》す。亡《な》き人への献花《けんか》では、深い追善《ついぜん》の祈りをささげる。

きょうは、一年のうちで最も多くの花が贈られる日だろう。今年の「母の日」は、東日本大震災から3年2カ月の「11日」でもある。

宮城県の沿岸《えんがん》の町で、夫と生花店《せいかてん》を営《いとな》む婦人部員がいる。今でも毎月11日、震災で母を失《うしな》った人々が花を求めに来店する。夫妻自身も親類を亡くした。以前は、つらい真情《しんじょう》を吐露《とろ》する客と一緒に泣いた。だが、花を手向《たむ》け続ける客の言葉が、変わっていくのが分かった。〝胸中《きょうちゅう》の母と共《とも》に生きていると実感します〟と。「花は『冬は必《かなら》ず春となる』の象徴《しょうちょう》ですから」と婦人。今では、再起《さいき》の人生を歩《あゆ》む客と励まし合っているという。

30年前の「母の日」（昭和59年5月13日）、池田名誉会長は福島県での青年平和文化祭に出席していた。あいさつで〝お母さんを大切に〟と念願《ねんがん》しつつ、名誉会長は続けた。「お母さんがいない場合もあります。けれども、仏法の三世《さんぜ》の生命観から見るならば、生死不二《しょうじふに》であって、全部、親孝行《おやこうこう》の真心《まごころ》は伝わります」

心に「母」のいる人は、絶対に負けない。母子一体の勝利と幸福の人生を築いていける。

2014・5・18

「いつまで私たちの所に来てくれますか」「あなたが元気になるまでです」

国際会議などの通訳《つうやく》者である長井鞠子《まりこ》さんが、世界を舞台に活躍した約半世紀を振《ふ》り返《かえ》って言った。「言葉は残る」と（『伝える極意』集英社新書）。耳に聞こえただけではなく、聞く人の〝心〟に届《とど》いた言葉だけが、時を超《こ》えて生き続ける。

東日本大震災からの復興を目指す東北の友を励ましたいと、今も、他県から足を運び続ける壮年がいる。壮年の存在は、友の心の支《ささ》えになった。「いつまで私たちの所に来てくれますか」。ある時、こう聞かれて、壮年は答えた。「あなたが元気になるまでです」。友は感動で目頭《めがしら》を熱《あつ》くした。

再起《さいき》をかけて奮闘《ふんとう》する当事者の「復興できました！」という発言をもって初めて、支えは完結する。「3年をめどに」「5年を節目《ふしめ》に」と、周囲が実態とは異《こと》なる線引《せんび》きをすれば、風化《ふうか》は加速《かそく》する。

たとえば「3年」と「3年と1日」で、気持ちが変わるわけではない。「最後まで寄《よ》り添《そ》う」という心からの言葉を受け取って、人の気持ちは変わっていくものだろう。

語呂《ごろ》合わせから、5月18日は「ことばの日」だそうだ。御聖訓「言《こと》と云《い》うは心の思いを響《ひび》かして声を顕《あらわ》すを云うなり」（御書563ページ）を、あらためて、かみしめたい。友の心に言葉を届けるには、自分の心を磨《みが》き抜《ぬ》く以外にない。

2014・6・20

避難所《ひなんじょ》生まれのアーティスト

ナデシコの花が、段《だん》ボールの上に見事にアレンジされていた。光を放《はな》つ宝石箱《ほうせきばこ》のように見えた。

福島県郡山市《こおりやま》の仮設住宅で生活する原発避難《ひなん》者のメンバーで構成される「なでしこ富田《とみた》地区」。今月、結成2周年を迎え、その集《つど》いで飾《かざ》られていた。一人の壮年が、この日のために仮設住宅の敷地《しきち》内で花を育て、制作したものだった。

壮年の名刺《めいし》には「ダンボールアート　避難所生まれのアーティスト」と。普段は、段ボールを材料に色鮮《いろあざ》やかで立体的な貼《は》り絵を作る。きっかけは避難所生活だった。個人空間を守る〝壁《かべ》〟として使われた段ボールに絵を描いた。周囲がパッと明るくなり、皆が喜んだ。絵のたしなみがあったわけではない。〝少しでも皆の気持ちが和《なご》むなら〟との思いが、無味乾燥《むみかんそう》な段ボールから希望の光を創《つく》り出した。

仏法では「心は工《たくみ》なる画師《えし》の如《ごと》し」と説《と》く。人生も芸術も、わが心が描いた〝絵〟。心で決まる。そして、心は心へと伝わる。

壮年の活躍は、震災3年の日に行われた国連のNGO（非政府組織）の会議でも紹介された。国内外の復興イベントで展示された作品を見ると、強い生命力を感じる。ナデシコの花言葉は「快活《かいかつ》」である。

2014・9・27

「ありがとう」と感謝《かんしゃ》を伝える黒電話

作家の赤川次郎氏は、時代設定をしないで書くことを常《つね》とした。そんな氏の筆を泣かせたのが、時代とともに移《うつ》り変わる「電話」だった。10円硬貨《こうか》でかけるダイヤル式の公衆《こうしゅう》電話は、ほとんど姿を消し、電話はとうに持ち歩く時代。氏は言う。「携帯電話っていうのは、本当に小説を変えてしまいました。携帯電話があれば、『すれ違《ちが》い』なんてないですから」（阿刀田高編『作家の決断』文春新書）

電話ボックスも、めっきり存在感がなくなった。だが、震災被災地の岩手県・

大槌町《おおつちちょう》を訪《おとず》れた際、小高《こだか》い丘《おか》の上にある、白いそれが目に留《と》まった。中には、線のつながっていないダイヤル式の黒電話が。「もう会えないけれど、今も心の中にいる大切な人に、あなたの気持ちを伝えてください」との思いで、同町に住む男性が設置したものだった。

どんな気持ちで、訪れた人は受話器を手にしたのだろう。電話の横に、訪問者が書き残したノートがあった。「ケンカしたまま別れた父と話しました。やっぱり、ありがとうしか言えないものですね」。実《じつ》に多くの人が「ありがとう」と記《しる》していた。

人の心に残した感謝《かんしゃ》は、良き人生を生きた証《あか》しであり、感謝は、生死《しょうじ》を超《こ》えて人の心を温《あたた》かく結《むす》ぶ。時代は変われど、この道理が変わることはない。

2014・10・5

「同じ風景を一緒に見てくれる仲間が　ほっとするんだ」

宮城県沿岸部《えんがんぶ》の町を訪ねた。知人夫妻が「きょうは仕事がないので」と、津波で「何も無くなった」という町を案内してくれた。「ここは三浦のじっちゃんの家、助かったんだけど、丹精《たんせい》込めて育てたツバキの木が無くなってさ……」「こっちは別の三浦さんの家、庭に小さな池があったんだ」。〝何も無くなった町〟も、夫妻にとっては思い出にあふれる町だ。

茂《しげ》る草の中に何かを見つけた。陶器《とうき》のかけらのようだ。「東京に嫁《とつ》いだ娘が、金婚式《きんこんしき》に買ってくれたコーヒーカップだよ」。家から数百《メートル》流れていた。2人はいとおしそうにハンカチに包《つつ》んだ。陶片《とうへん》も、かけがえのない思い出なのだ。津波で家族を失《うしな》った、別の壮年のつぶやきを思い出す。「支援《しえん》のイベントもいいんだけど、一緒に座《すわ》って、同じ風景を見てくれる仲間が、一番ほっとするんだ」

「家に帰っても、もう夫君《ふくん》はいらっしゃらない」（御書1418ジペー、趣意《しゅい》）。家族を亡《な》くした人の孤独《こどく》に、日蓮大聖人は語り、寄《よ》り添《そ》われた。「同じ風景を見ること」のできる心をそなえておられた。

苦しみの中にいる人、悲しみと戦っている人。その人々には、私たちが何となく見ている「日常の風景」も違《ちが》って見える。「同じ風景を見る」とは、「同苦《どうく》」することなのだろう。

2014・10・29

不断《ふだん》――日常の励ましを絶《た》え間《ま》なく

復興支援《しえん》を目的にしたイベントについて、ある小学校の先生が語っていた。「皆さんの善意《ぜんい》には心から感謝《かんしゃ》します。でも今、私たちが目指しているのは『日常に戻《もど》すこと』。そこに寄《よ》り添《そ》ってくれる人たちの真心《まごころ》が、何よりもありがたいのです」

特別なことばかりが必要ではない。過酷《かこく》な非《ひ》日常を経験した人にとっては、何げない〝日常〟の中にこそ、安らぎと幸福があるのだろう。

原発事故の影響で、多くの同志が、温暖《おんだん》な福島県の浜通《はまどお》り地域から、豪雪《ごうせつ》の会津《あいづ》地域に避難し、今も暮《く》らしている。その友らを励まそうと、一軒一軒、訪問を続ける多宝会《たほうかい》の年配の夫妻がいる。高齢で会合への参加など、外出がままならない友は、夫妻と再会できることが「生きる気力になる」とまで言い、感謝している。

私たちの学会活動は、日々の訪問激励、小単位の集《つど》いなど、地道《じみち》な取り組みを重視する。この積み重《かさ》ねが、やがては自他共《じたとも》の幸福を実現し、連帯の基盤《きばん》をより強固《きょうこ》にすることを、多くの同志が実感している。

日常、平常を意味する言葉に「ふだん」がある。辞書を引くと、「普段《ふだん》」と書くのは当て字が定着したもので、もとは「不断《ふだん》」と書いたという。絶《た》え間《ま》ない、日常の温《あたた》かな励ましの中に、生きる希望が、勇気が生まれてくる。

2014・11・8

「続ける」ことの大切さ

あす9日まで読書週間だが、東北の本屋さんから〝すてきな話〟が届《とど》いた。東日本大震災で壊滅的《かいめつてき》な被害を受けた岩手県・大槌町《おおつちちょう》。震災後に開店した書店が、震災で親を失《うしな》った町の子どもたちに年1回、その店だけで使えるオリジナルの図書券を贈《おく》っているというのだ。

日本経済新聞の報道によれば、同店が、未来を担《にな》う子どもたちに図書券を贈呈し始めて3年目。震災時に生まれた子どもが高校を卒業するまでは続けたいという。つまり、2029年までの長期的な支援《しえん》を目指している。震災から3年8

カ月を迎えるが、被災地を歩くと、こうした草の根の支援を「続ける」ことが大切と感じる。

わが国を代表する教育者の新渡戸稲造《にとべいなぞう》博士が、哲学者のソクラテスを尊敬する理由の一つに挙《あ》げたのも「続ける」ことだった。ソクラテスは「年が行っても、油断《ゆだん》せずに、修養《しゅうよう》を持続した」と（鈴木範久編『新渡戸稲造論集』岩波文庫）。

新渡戸博士と親交《しんこう》があった牧口初代会長は、70歳を超《こ》えても「我々《われわれ》、青年は」と語り、行動した。座右《ざゆう》の銘《めい》は「苟《まこと》に日に新《あら》たに、日日に新たに、又《ま》た日に新たなり」。

時間をただ費《つい》やすだけでは空《むな》しい。新たな価値を生み出そうと、歩《あゆ》み続けた一歩一歩、一日一日。その「点」が「線」となって、偉大な道ができる。

2014・11・11

心に希望を創《つく》り出し　歩き始めた気高《けだか》き人々

阪神・淡路《あわじ》大震災以降、知られるようになった概念《がいねん》に「PTSD（心的外傷後《しんてきがいしょうご》ストレス障害《しょうがい》）」がある。大災害や大事故・事件などが心の傷《きず》となって起こる、さまざまな障害のことである。

一方、近年の精神医学、心理学では「PTG（心的外傷後成長）」が注目されていると知った。PTSDと反対に、自身の存立基盤《そんりつきばん》を揺《ゆ》るがすような経験が、人に大きな成長をもたらすことがある、という研究だ。

東日本大震災の被災地で触《ふ》れ合った、多くの人々の顔が浮《う》かんできた。身近な人々の死や、ふるさとの喪失《そうしつ》に直面しながら、それでも心の中に希望を創《つく》り出し、前へ歩き始めた人々の強さ、気高《けだか》さである。

痛切《つうせつ》な悲しみから立ち上がり「成長」へ向かうための手助け。その大事な一つが「話すこと」だという。ただし、それを無理強《じ》いするのは逆効果。話せそうな心の用意、相手、状況、場《ば》などが必要という（宅香菜子著『悲しみから人が成長するとき―PTG』風間書房）。

折《おり》に触《ふ》れては、訪ねる。悩《なや》んでいると聞けば、飛んで行って話を聞く。創価学会の日常にある自然な〝励ましの文化〟がいかに大災害から立ち上がる力《ちから》となるかを、あらためて思う。さまざまな苦境《くきょう》の中に芽吹《めぶ》いた「変毒為薬《へんどくいやく》」の人間ドラマを、真摯《しんし》に伝えていきたい。

（池田名誉会長撮影。2013年8月、長野）

第2章　人生に向《む》き合《あ》う

2014・1・20

人間には　爆発的に戦うべき「時」がある

小笠原諸島《おがさわらしょとう》・西之島《にしのしま》近くの火山噴火《ふんか》によってできた「新島」が、溶岩《ようがん》の流れでみるみる大きくなり、昨年末、西之島と陸続《りくつづ》きになった。500メートルあった両島の距離はあっという間になくなり、今もなお成長を続けている。

火山大国の日本には、世界に約1500あるとされる活火山《かっかざん》のうち、110が存在する。鹿児島県の桜島《さくらじま》は、かつては文字通り、島だった。1914年1月12日に起きた大規模《だいきぼ》噴火によって地形が変わり、大隅《おおすみ》半島とつながった。今月で、ちょうど100年となる。

火山活動は生命と生活を脅《おびや》かすものだが、一方で圧倒的な自然の力《ちから》に、畏敬《いけい》の念を感じることも確かだ。「『塵《ちり》も積《つ》もれば山となる』というが、塵が積もってできた山はない」とは、牧口常三郎《つねさぶろう》初代会長の言。「現実の山は、天地の急激《きゅうげき》なる大変動《だいへんどう》によってできたものである」と。

こつこつと地道《じみち》な努力を積み重《かさ》ねることは大事。だがその上で、人間にも局面《きょくめん》を打開《だかい》するために、爆発的に戦うべき「時」がある。病《やまい》などの宿命が襲《おそ》った時、失業などの試練《しれん》に直面した時がそうだろう。

特に青年は、一心不乱《いっしんふらん》に取り組むことで、急速に伸《の》びていくものだ。「世界広布新時代」を、大山《たいざん》のような大境涯《だいきょうがい》を開く好機《こうき》と決めて、挑戦を開始したい。

2014・1・27

「離《り》見《けん》の見《けん》」――謙《けん》虚《きょ》に自分を見つめる

自分のプレーやフォームを映像で確認することは、芸能やスポーツの世界で当たり前になっている。だが、昔はそんな便利な機械はなかった。どうしたか。「離《り》見《けん》の見《けん》」という言葉がある。室町時代の能《のう》の大成者《たいせいしゃ》、世阿弥《ぜあみ》が言った。己《おのれ》を離《はな》れ、観客席から見るつもりで、演者《えんじゃ》の自身を見る。その時こそ「わが姿を見《けん》得《とく》するなり（自分の姿が見える）」との戒《いまし》めである。

能では、シテ（主役）が舞《ま》い終えると幕《まく》の内《うち》に入り、大きな鏡《かがみ》の前に立つ。装《しょう》束《ぞく》も面《めん》も着けたまま、客席に見えていたであろう自分の姿を見る決まりがあるという。二十六世観世宗家《かんぜそうけ》の観世清和《きよかず》氏は、〝舞台の出来《でき》不出来を突《つ》きつけられる厳《きび》しい時間〟と(『能はこんなに面白い!』小学館)。この省察《しょうさつ》と精進《しょうじん》が、700年の伝統を築いた礎《いしずえ》と実感した。

どの世界でも、活躍する人は、自分の成長を測《はか》る〝物差《ものさ》し〟を持っているものだ。仏道修行の根幹《こんかん》も同じである。御義口伝《おんぎくでん》は、法華経《ほけきょう》に説《と》かれる「七宝《しっぽう》」を、修行に肝要《かんよう》な七つの宝《たから》に配する。その一つ「慙《ざん》」とは〝謙虚《けんきょ》に自分を見つめること〟である。

日々の勤行・唱題の中で、御本尊という〝生命の鏡〟に照《て》らし、自分を見つめる。そして、行動に打って出る。その積み重《かさ》ねが、明日の勝利へつながる。

2014・2・6

「100歳まで広布に生きます!」

ロシアでは初となる冬季オリンピックがあす7日、また、パラリンピックは3月7日に始まる。心身《しんしん》を鍛《きた》え抜《ぬ》いた選手の努力が花開く姿を楽しみにしたい。

この冬季五輪の開催地にソチが選ばれたのは2007年7月だった。以来、約6年半を経《へ》ての開幕。数《かぞ》えると今、2020年の東京夏季五輪までも、およそ6年半だ。

東京五輪の年、109歳となる医師の日野原重明《ひのはらしげあき》氏は、〝十分な気力と体力をもってオリンピックを迎える〟と目標を立て、愛用《あいよう》する十年日記の2020年の欄《らん》に予定を書き込んだという。いくつになっても、「人間としての成長」を刻《きざ》もうと、自身を鍛える人は若々《わかわか》しい。

岩手県の、ある多宝会《たほうかい》の婦人は90歳。被災を免《まぬか》れた自宅を広布の会場に提供し、同志と復興の日々をかくしゃくと歩《あゆ》む。ある時、友に言われた。「信心を貫《つらぬ》けば、こんな境涯《きょうがい》になれると、姿で示していく大きな使命がありますね」。その言葉に奮起《ふんき》した。「100歳まで広布に生きます！」

「人生のオリンピックに敗者はいない。いるとすれば、それは『挑戦しなかった』人だけである」と池田名誉会長。人を元気にするのは、体力以上に「気迫《きはく》」であろう。人生に勝つ力《ちから》は、偉大な目的のために挑戦の日々を生きる「情熱」である。

2014・2・10

「ファースト・ペンギン」の心意気《こころいき》

「『ファースト・ペンギン』の心意気《こころいき》で頑張《がんば》ります！」。ある男子部員が決意を述べていた。

ペンギンは、氷上《ひょうじょう》で群《む》れをなし、穏《おだ》やかに暮《く》らしているように見えるが、餌《えさ》の小魚《こざかな》をとる時は命懸《いのちが》け。海中には、どんな天敵《てんてき》が待《ま》ち構《かま》えているか分からない。水辺《みずべ》で列をなし、あたかも譲《ゆず》り合うように足踏《ぶ》みする。

そんな停滞感《ていたいかん》を破り、まず飛び込む1羽が「ファースト・ペンギン」だ。これを目にした仲間たちは、せきを切ったように一斉《いっせい》に飛び込む。1羽目は当然、アザラシやシャチに襲《おそ》われる危険性が高い。だが、この1羽目がいるからこそ、群《む》れ全体は生き永《なが》らえる。「ファースト・ペンギン」は英語の慣用句《かんようく》でもあり、恐《おそ》れを知らずに未知《みち》の分野に挑《いど》む人を指《さ》す。

脳科学者の茂木《もぎ》健一郎氏によると、ペンギンは飛び込む瞬間、不安、恐怖、喜びなどの感情がフル回転するという。人間も、決断、判断を迫《せま》られ、不確実な未来に立ち向かうことで脳は発達する、と。

「不確実」、もっといえば、「不可能」とさえ思えることにも、「何事《なにごと》か成就《じょうじゅ》せざるべき」（御書1124ジペー）との強い確信で立ち向かい、道なき道を切り開くのが信仰者の真骨頂《しんこっちょう》。挑戦している時こそ成長があり、充実《じゅうじつ》があり、したがって幸福がある。

2014・3・24

東京駅100周年「ドーム型《がた》屋根の赤れんが駅舎《えきしゃ》」が復元《ふくげん》

1914年（大正3年）に東京駅が開業して100年。一昨年、戦災で焼失《しょうしつ》した部分の復元《ふくげん》工事を終えた「ドーム型《がた》屋根の赤れんが駅舎《えきしゃ》」は、新たな観光スポットとなっている。

〝赤れんがの壁面《へきめん》にドーム型屋根の建物〟というと、57年（昭和32年）7月17日、学会の「大阪大会」の会場となった中之島《なかのしま》の中央公会堂が思い浮《う》かぶ。実《じつ》はどちらも、辰野《たつの》金吾氏の設計によるものだ。

日本銀行本店など200を超《こ》える建築に携《たずさ》わり、〝ヨーロッパ風日本建築の開《かい》祖《そ》〟といわれる辰野氏も、初めから英才《えいさい》だったわけではない。工部省《こうぶしょう》工学寮（現在の東京大学工学部）に最下位で滑《すべ》り込み、猛《もう》勉強の末、首席で卒業。イギリスで建築学を学んだ。そんな自身を「俺は頭が良くない。だから人が一する時は二倍、二する時は四倍必《かなら》ず努力してきた」と語ったという。

人生はしばしば、建築になぞらえられる。それは建築が、力学《りきがく》、デザイン、法律、歴史……つまり人間と環境に関《かか》わる万般《ばんぱん》の知識と知恵を結集した総合芸術だからであろう。

英語「アーキテクチャ（建築）」の元来《がんらい》の意味は〝最上《さいじょう》の技術者〟である。最上の努力、最上の情熱をささげたものだけが、時の流れに耐《た》えて輝《かがや》き続けると思える。建築も、そして人生も。

2014・4・3

梅《うめ》も桜《さくら》も　そして人も　時が来れば必《かなら》ず花は咲《さ》く

「うぐひすの木伝《こづた》ふ梅《うめ》のうつろへば桜《さくら》の花の時かたまけぬ」（万葉集《まんようしゅう》）。梅のあとは桜。いよいよ、その時が来た。しかも一気《いっき》に。

路傍《ろぼう》に匂《にお》う花、車窓《しゃそう》から見る花、青空に伸《の》びる木々の花、畑の土塊《つちくれ》を彩《いろど》る草花――どの花も、その花にしかない美しさで、力《ちから》いっぱい咲《さ》いている。花は、人の心を浮《う》き立たせる。

先日の座談会で聞いた、功徳《くどく》の花咲く体験談に「世界広布新時代」の息吹《いぶき》を実感した。ある友は、一家のルーツが南米にあるという。ある友は、アメリカ各地に親族がいる。ある青年が働《はたら》くのはアジア系の企業。皆、それぞれの地の同志と交流を重《かさ》ねていた。病気や人生の不如意《ふにょい》にも、「必《かなら》ず変毒為薬《へんどくいやく》できる」と朗《ほが》らかだった。

桜の花芽《はなめ》は、いつから準備されるか。それは既《すで》に、前年の夏ごろからという。いったん休眠に入り、厳《きび》しい寒さで目を覚《さ》まし、暖《あたた》かくなると咲く。冬がなければ、桜は咲かない。人間も同じだ。

池田名誉会長はしばしば、桜に寄《よ》せて、友に励ましを送ってきた。「悲しみや苦しみを、いくつも乗《の》り越《こ》え、勝ち越えた人こそが、偉大な大樹《たいじゅ》のごとき自分自身を鍛《きた》え上げ、皆を励ますことができる」と。時が来れば、必ず花は咲く。それを知れば、嵐《あらし》や吹雪《ふぶき》にも、たじろぐことはない。

2014・4・6

「強くなってから進む」より「進みながら強くなる」生き方を

原稿の締《し》め切りが近いが、どうにも筆が乗らない。そんなときは、1行でも2行でもいいから書き出してみる。腕の動きにつられて、文章が頭に浮《う》かんでくる。

勉強は「強《し》いて勉《つと》める」と書くように、進んでやる人はあまりいない。これも、はかどらせるコツは、まず机《つくえ》に座《すわ》ること。歴史学者のトインビー博士が、毎朝、午前9時ごろには必《かなら》ず机に向かうことを日課にしていた話は有名である。何事も、やってみる、動いてみることで、開《ひら》けること、身に付くことがある。

事業の失敗で大借金を抱《かか》えた作家のバルザックは苦境《くきょう》を乗《の》り越《こ》えたとき、あるラテン語を標語にしていた。「進みながら強くなる」

仏文学者の鹿島茂氏も、この言葉に出あい、執筆《しっぴつ》の準備ばかりにこだわって苦しんでいた自分の励みにしたという。「完璧《かんぺき》主義で、強くなってから進もうと考えて下準備ばかりしていたのでは、強くなったと思ったときには、もうすべてが終わっている」と（『忘れられない、あのひと言』岩波書店）。

仏道修行における「菩薩行《ぼさつぎょう》」も、それに通じるものがあろう。自分も苦悩を抱《かか》えながら、悩《なや》める他者のために動き、語り、自他共《じたとも》の成長へ進む。「強くなってから進む」より、「進みながら強くなる」のが創価の生き方である。

２０１４・４・１９

４月19日は「地図の日」——わが人生に幸福の地図を描こう

きょう４月19日は「地図の日」。１８００年のこの日、伊能忠敬《いのうただたか》が蝦夷地《えぞち》（北海道）へ初めての測量《そくりょう》に出発したことに由来《ゆらい》する。

この時、忠敬は55歳。それから17年間、10度の測量で全国を歩き、日本初の本格的な実測図《じっそくず》「大日本沿海輿地全図《だいにほんえんかいよちぜんず》」の作成に取り組んだ。歩いた距離は約４万㌔。地球１周分に相当《そうとう》し、歩数にすると４０００万歩にも及《およ》ぶという。

「地図の日」が、完成した日ではなく「最初の一歩の日」というところがいい。彼の一歩一歩が、日本を描く地図となり、後世《こうせい》に輝《かがや》く足跡ともなった。地図の完成は1821年。忠敬の死の3年後、弟子たちの手によって成《な》し遂《と》げられた。

奈良県に、じつに36年間、毎月、本紙の購読推進を続けてきた婦人がいる。その一歩を踏み出す原点は1978年1月、池田名誉会長との初めての出会いだった。「自信をもって、焦《あせ》らずに、わが生命に信心の根を、地域に広宣流布の根を、張り巡《めぐ》らしていってください」。その時の指導を胸に、家庭不和《ふわ》や子どもの病気など、全《すべ》ての苦悩を勝ち越《こ》えてきた。

人生がそれぞれに幸福の地図を描き出す作業だとすれば、私たちの信仰は、そのための一歩一歩を立ち止まらず、ぶれずに、着実に歩《あゆ》むための力《ちから》だ。まず〝勇気の一歩〟を踏《ふ》み出そう。

2014・5・6

健《すこ》やかに育て——五月の青空に舞《ま》うこいのぼり

昨日の小欄で、ほほ笑ましい、こいのぼりの情景を取り上げた。この風習の淵《えん》源《げん》を調べると、江戸時代にさかのぼる。

当時、武《ぶ》家《け》階級では、家《か》紋《もん》が入った旗《はた》指《さし》物《もの》やのぼりなどの武家飾《かざ》りを玄関の前に立てた。町人たちがこれに対抗して、こいのぼりを立てるようになったとされる。今日《こんにち》に受《う》け継《つ》がれたのは、町人の風習のほうだった。子どもたちの健《すこ》やかな成長を願う心が、五月の青空の下で輝《かがや》いている。

鯉《こい》は中国の竜門《りゅうもん》伝説によって、立身出世《りっしんしゅっせ》の象徴《しょうちょう》とされてきた。黄河《こうが》にある「竜門の滝《たき》」を、鳥や漁師たちが狙《ねら》うなか、ついに登り切った魚は、竜になるという物語である。

日蓮大聖人は、いくつかの御書で、この故事《こじ》を引かれる。「竜門御書」の別名があるのは、青年門下の南条時光《なんじょうときみつ》に与《あた》えられた「上野殿御返事」。故事に触《ふ》れつつ、仏になるには幾多《いくた》の苦難を乗《の》り越《こ》えなければならないと述べ、さらにこう呼《よ》び掛《か》けられた。「願《ねが》わくは我《わ》が弟子《でし》等《ら》・大願《だいがん》をこせ」(御書1561ジペー)

本抄で大聖人は、数《かぞ》え年21歳だった時光のことを「上野賢人《けんじん》」と呼ばれ、篤《とく》信《しん》をたたえている。誓願《せいがん》を立てて進む青年部、未来部は「後生畏《こうせいおそ》るべし」である。その挑戦を温《あたた》かく見守《みまも》り、称賛《しょうさん》するところ、若き力《ちから》はぐんぐんと伸《の》びていく。

2014・5・16

人生はジグソーパズル
苦労や挫折《ざせつ》は 欠《か》かせない〝ピース〟

大相撲《おおずもう》夏場所の熱戦が続いている。外国人勢《ぜい》の台頭《たいとう》が目覚《めざ》ましい角界《かくかい》で、日本人力士《りきし》の奮戦《ふんせん》にも期待が集まる。

元琴風《ことかぜ》の尾車親方《おぐるまおやかた》は現役時代、2度の大けがを乗《の》り越《こ》え、ついに大関を張った。引退後、転倒事故で一時、全身まひに。この時も、必死のリハビリで、奇跡の復活を果たした。その親方が、実感をつづっている。「『人生』というのは、とてつもなく大きな『ジグソーパズル』のようなもの」(『人生8勝7敗 最後に勝てばよい』潮出版社)

ジグソーパズルは、さまざまな形のピースを、悩《なや》み悩み、はめ込み、絵柄《えがら》を完成させていく。その過程は人生に似ている。目標や夢という〝絵柄〟を決め、行動を起こせば、苦労や挫折《ざせつ》は付きもの。だが、決して失敗ではない。全《すべ》てが〝絵柄〟を完成させるための、欠かせない〝ピース〟なのである。

人生、順風の時もあれば、逆風の時もある。だが、「悩みを通して智《ち》は来《きた》る」(古代ギリシャの箴言《しんげん》)。池田名誉会長は「〝これまでの苦労には、全部、意味があった。すべて、自分の財産になった〟――こうわかるようになる。その時こそ、諸君は勝利者」と。

信仰に生きる人生に一切、無駄《むだ》はない。この確信で、目前の課題に挑《いど》もう。きょう一日に全力で臨《のぞ》もう。

2014・6・4

日蓮仏法は〝本因妙《ほんいんみょう》の仏法〟
さあ、「きょうから」「今ここから」出発だ！

本紙の刷新《さっしん》からおよそ1カ月。新企画や、新感覚のレイアウトに、多くの励ましをいただいている。一方で、読者に支《ささ》えられ、長く続く連載もある。1951年4月20日付の創刊号から続くのが「寸鉄《すんてつ》」。小欄「名字《みょうじ》の言《げん》」は1年後の52年5月10日付から。

人生の転機を支《ささ》えた御書の一節を語る「きょうの発心《ほっしん》」は69年1月4日付から始まり、今月1日で連載1万3000回となった。切り抜く読者、掲載された一節の、御書の該当《がいとう》部分に傍線《ぼうせん》を引く読者も多い。

「発心」という言葉は「発菩提心《ほつぼだいしん》」の略《りゃく》で、「菩提すなわち悟《さと》りを求める心を発す」との意味。そして「発心」は人生に一度きりのものではない。日蓮仏法は〝本因妙《ほんいんみょう》の仏法〟であり、「今」「ここから」人生勝利の未来へ進む誓《ちか》いを大事にする。

そう考えると、「きょうの発心」という言葉の意味が明らかになる。何度発心し、何度挫折《ざせつ》しても、懲《こ》りず諦《あきら》めず、〝さあ、きょうから出発だ！〟と挑《いど》みゆく信仰者の心意気《こころいき》である。

「新しい決意で立ち上がったその日から、一切が生まれ変わる。『本因妙』の日蓮仏法を奉《ほう》ずる我らには、新生《しんせい》の『今日』という日が、まさしく『久遠元初《くおんがんじょ》』である」と池田名誉会長。本紙の全《すべ》てのページが、その糧《かて》となるよう努力したい。

2014・6・26

米大リーグを一変《いっぺん》させた黒人選手第1号のひたむきなプレー

永久欠番《えいきゅうけつばん》といえば名選手をたたえるものだが、米メジャーリーグには全球団が欠番とする番号がある。「42番」。黒人選手第1号のジャッキー・ロビンソンの番号だ。

1940年代の米国。人種差別は激《はげ》しかった。マスコミの意地悪《いじわる》、対戦相手のやじや挑発《ちょうはつ》、加えて、同僚からも無視、敵視《てきし》……。彼の我慢《がまん》は限界に達しそうだった。殴《なぐ》りつけようと何度も思った。しかし、それは自分だけでなく、黒人がメジャーリーグで戦う夢をつぶすことを意味していた。彼は耐《た》え、活躍を続けた。

1月
2月
3月
4月
5月
6月
7月
8月
9月
10月
11月
12月

ひたむきなプレーはチームメートを変え、観客を変え、球界を変えた。他球団も、優《すぐ》れた黒人選手を採用《さいよう》するようになった。「大きくなったら、ジャッキー・ロビンソンのような素晴《すば》らしいプロ野球選手になりたい」。球場で観戦する白人の少年が言った。どんな嫌《いや》がらせにも泣かなかった彼も、それを伝え聞いたとき、大粒《おおつぶ》の涙《なみだ》を流した（近藤隆夫著『ジャッキー・ロビンソン』汐文社）。

夢は目指すものであり、同時に自分を支《ささ》えてくれるものである。その夢が、他の人々の夢に続いているなら、もっと強い〝支え〟になる。

私たちの夢は、仏法の哲学による平和社会の建設。その夢に生きゆく人生は、自分が強くなるごとに、友をも幸福に導《みちび》いていく。

〝苦しんだ人々の味方《みかた》になることが学会の使命だ〟

ハンセン病の患者《かんじゃ》たちは長く国策《こくさく》によって隔離《かくり》され、いわれなき偏見《へんけん》と人権侵《しん》害《がい》に耐《た》えてきた。群馬・草津《くさつ》町の療養所《りょうようじょ》「栗生楽泉園《くりうらくせんえん》」には、全国で唯一の懲罰《ちょうばつ》施設「重監房《じゅうかんぼう》」があった。その一部を再現し、収監者《しゅうかんしゃ》の記録等を展示した資料館が今春、開館した。

重監房は通称で、実際は「特別病室」と呼ばれた。だが病室とは名ばかり。収監者には十分な食事も与《あた》えられず、周囲が雪に覆《おお》われる厳冬《げんとう》にも暖房《だんぼう》は一切ない。全身凍傷《とうしょう》で命を落とす人もいた。

差別《さべつ》や偏見と闘《たたか》うハンセン病の人々に、どのように関《かか》わっていくべきか――池田名誉会長が若き日、戸田城聖《じょうせい》第2代会長に質問した。恩師は答えた。〝そういう人の味方になっていくのが学会の使命だ〟。

昭和30年代、同園にも創価の信仰の灯《ひ》がともった。当時、入会した入所者は、来訪した学会員が同苦《どうく》のあまりに流した一筋《ひとすじ》の涙《なみだ》が、たまらなく「うれしかった」と振《ふ》り返《かえ》る。凍《こご》えた心は、熱い励ましによって解《と》かされた。療養所内では、毎月、座談会が開かれてきた。今も、同所に住む友は、地域の同志と活動に励む。

最も苦しんだ人に、最も幸せになる権利がある。その人々に寄《よ》り添《そ》い、生きる希望を送ってきた歴史こそ、創価学会の誇《ほこ》り。ゆるがせにしてはならない永遠の使命である。

2014・7・1

一つの命《いのち》は　無条件に「掛《か》け替《が》えのない存在」

ある婦人部員の子どもは自閉症《じへいしょう》による多動傾向《たどうけいこう》があり、子どもが幼少のころは、いつも手をぎゅっと握《にぎ》り締《し》めていないと、心配でならなかった。

病院を訪《おとず》れたとき、手を離《はな》した隙《すき》に子どもが走りだした。あっと思った瞬間《しゅんかん》、一人の女性が「元気だね」とほほ笑《え》み、子どもを抱《だ》き締《し》めてくれた。感謝《かんしゃ》を伝えつつ、「数分でも、じっとしていてほしいんです」と胸の内を話すと、相手の女性は「うちはね、一歩でも歩いてほしいの」。

作業療法士《りょうほうし》に付《つ》き添《そ》われ、車いすに乗る子どもが目に入った。彼女は脳性《のうせい》まひの子を育てていたのだ。日頃の張《は》り詰《つ》めた思いが、せきを切ってあふれたのだろう。2人は一緒に泣きだしてしまう。見ていた作業療法士が声を掛《か》けた。「どちらのお子さんもかわいい。どちらのお母さんも偉《えら》いんだよ!」。今は中学生になったわが子と歩《あゆ》む婦人部員にとって、強く生きる転機《てんき》となった出来事だという。

雨や曇《くも》りが続く梅雨《つゆ》の季節。花の潤《うるお》いは、心を癒《い》やしてくれる。大輪《たいりん》の花も小さい花も、花壇《かだん》の花も路傍《ろぼう》の花も、それぞれにいとおしい。花の美しさに序列《じょれつ》はない。

一つの命を、無条件に、それ自体が「掛《か》け替《が》えのない存在」として受け止める。その愛情が、相手に生きる勇気を与《あた》える。ともどもに希望の人生を開く力《ちから》となる。

2014・8・1

「御書根本《こんぽん》の人生」を共々《ともども》に

「青年部教学《きょうがく》試験3級」に、仕事が多忙《たぼう》な中、挑戦する男子部員宅を訪ねた。試験範囲の「開目抄《かいもくしょう》」を学び合った。入会3年目の夫人も、同じ問題で行われる「初級試験」を受けるという。

御書《ごしょ》を開き、声を合わせて拝読《はいどく》した。迫害《はくがい》が起こることを承知《しょうち》の上で「広宣《こうせん》流布《るふ》の第一歩」を踏み出す経緯《けいい》が記《しる》された、重要な一節である（200ページ）。さらに、御書巻末《かんまつ》の年表もたどってみた。立宗《りっしゅう》宣言から開目抄執筆《しっぴつ》までの約20年、まさに迫害の連続であられたことが分かる。

伊豆、佐渡への流罪《るざい》は、2度とも赦免《しゃめん》され、〝凱旋《がいせん》の日〟を迎えたことを知り、夫妻は感動の表情だった。「じつは今日、初めて御書を開いたんです」と夫人が照《て》れ笑《わら》い。今までは「大白蓮華《だいびゃくれんげ》」などで学んできたという。

「大聖人の御書を敬《うやま》い之《これ》に親《した》しむこと天日《てんじつ》を拝《はい》するが如《ごと》く」。戸田第2代会長が記《しる》した御書全集「発刊の辞《じ》」の一文である。人は毎日、天日（太陽）と共《とも》に生きる。たとえ嵐の日々が続いても、分厚《ぶあつ》くて暗い雲の向こうには必《かなら》ず太陽が輝《かがや》く。人が太陽と共《とも》に暮《く》らすように、われらは御書と共に人生を歩《あゆ》もう——これが恩師の訴えである。

合否《ごうひ》を超《こ》えて、試験が「御書根本《こんぽん》の人生」の一歩になれば素晴《すば》らしい。受験者も、支《ささ》える人も、「御書に親《した》しむ夏」に。

2014・8・18

クラゲが教えてくれたこと

家族連れで、にぎわう水族館。近年の人気者はクラゲだ。ふわり、ふわりと気ままに漂《ただよ》う姿に何とも癒《い》やされる。

6月にリニューアル・オープンした山形の加茂《かも》水族館は、世界一のクラゲの展示数を誇《ほこ》る。今でこそブームの火付け役として有名だが、十数年前までは小さな、ありふれた水族館にすぎなかった。

来場者が減り続け、閉鎖《へいさ》寸前に。その危機《きき》を救《すく》ったのが、小さなサカサクラゲだった。展示したところ意外にも好評で、経営回復のきっかけに。同館の村上龍男館長はかつて、本紙の「トーク」で「もし、設備や人材に恵《めぐ》まれていたら、今の加茂水族館はないだろうな。問題点が出るたびに、知恵を絞《しぼ》りながら前進することで、力《ちから》をつけてきたんだから」と語った。

この話題に、思うことが二つある。取るに足《た》らないと思える存在にも、生かせる道があるということ。ノーベル化学賞を受賞した下村脩《おさむ》博士は、85万匹ものオワンクラゲを採取《さいしゅ》し、今日《こんにち》の生命科学の研究に欠かせない緑色蛍光《りょくしょくけいこう》タンパク質を発見している。もう一つは、クラゲのヒットは偶然《ぐうぜん》だけではなく、与《あた》えられた条件の中で最大限の知恵と努力を振《ふ》り絞《しぼ》ってこそ生まれた、ということだ。

人間、学ぼうと思えば、どんな存在からも学ぶことができる。クラゲがそれを教えてくれる。

2014・9・8

百合《ゆり》は全生命で戦っているから美しい

婦人部の「ブロック担当員」「副ブロック担当員」が「白《しら》ゆり長」「副白ゆり長」の名称になったのは、2004年9月のこと。今月で10周年を迎える。「純潔《じゅんけつ》」「威厳《いげん》」等の花言葉をもつ「白ゆり」は、婦人部を象徴《しょうちょう》する花として親《した》しまれてきた。

ユリの球根《きゅうこん》は、根ではなく「鱗茎《りんけい》」。短い地下茎の周《まわ》りに、養分を蓄《たくわ》えた、うろこ状の葉（＝鱗片《りんぺん》）がたくさん重《かさ》なり合っている。だから「百合《ゆり》」という。「百」は「多く」の意味だ。ユリの鱗茎はイノシシなどの好物《こうぶつ》だが、食べられても、鱗片が一枚でも残っていれば、成長する。百合は「美しさ」と「強い生命力」を併《あわ》せ持っている。

愛知のある副白ゆり長さんは、長男がアスペルガー症候群《しょうこうぐん》、長女が広汎性《こうはんせい》発達障害と診断され、不安に沈《しず》んでいた時、仏法に巡《めぐ》り合い、入会。学会活動に励む中で〝同じ悩《なや》みをもつ人の役に立ちたい〟と願うようになり、友人と共《とも》に親の会を立ち上げた。その後、地元中学校の女性初のPTA会長としても活躍。笑顔で地域に尽《つ》くす。

池田名誉会長は「なぜ、百合は美しいのか。それは、生き抜くために、全生命で戦っているからだ」と。

日々、厳《きび》しい現実と戦う中で〝勝利の花〟を咲《さ》かせ、〝幸《さち》の香り〟を広げゆく創価の母たちを、心からたたえたい。

2014・9・24

仕事は忙《いそが》しい人に頼《たの》め

「仕事は忙《いそが》しい人に頼《たの》め」とは、ビジネスの鉄則の一つ。多忙《たぼう》なのは、周囲の評価が高い証拠だし、時間の活用にたけているので、暇《ひま》な人よりかえって反応が早く、的確だからだ。「最もいそがしい人こそ最も暇が多い」という英語のことわざもある。

若き日の池田名誉会長の足跡をたどると、あらためて、その超人的な活動量に驚《おどろ》く。しかも病弱の身でありながら――。29歳の時、東京・葛飾《かつしか》の総ブロック長に。学会の重責《じゅうせき》を幾《いく》つも兼務《けんむ》し、仕事も多忙な中、個人指導に歩き、会合で語り、その傍《かたわ》ら「男子青年部の歩《あゆ》み」の執筆《しっぴつ》までした。机《つくえ》代わりに画板《がばん》を携《たずさ》え、原稿を書いた。

どんな場所でも創造はできる。インドネシアの国民作家プラムディヤは、政治犯として流刑《るけい》された島で、昼は強制労働に従事《じゅうじ》し、夜は同房の仲間たちに物語を聞かせたという。いわば、頭の中で小説を書き続けたのだ。自由もなく、書く手段もない。そういう制約の中でも、生きた証《あか》しを残していける。

同じ1日24時間でも、無為《むい》に過《す》ごすこともあれば、3日、1年、果ては一生分の価値を生み出すことも可能である。

秋分を越えると、年末へ向けて、時が駆《か》け足で進んでいく。だからこそ、祈り、智慧《ちえ》を出して、朗《ほが》らかに「時間革命」に取り組みたい。

2014・10・22

青色発光《はっこう》ダイオード――「民衆の幸福のための学問」の輝《かがや》き

青色発光《はっこう》ダイオードの開発でノーベル物理学賞を同時受賞した、日本人の3氏。中村修二氏の不屈《ふくつ》の研究人生も話題だが、名城《めいじょう》大学の赤崎勇終身教授の受賞は「中部地区の私立大学では初」の快挙《かいきょ》ともなった。同じく受賞者の天野浩氏も、かつて同大学の教授を務《つと》めた。

同大学の創立は1926年。理工系の夜間学校として出発した。創立者の田中壽一《じゅいち》氏は、町工場で働《はたら》く職工《しょっこう》たちが専門知識を身に付け、能力を存分《ぞんぶん》に発揮《はっき》することで世の中の役に立ってほしい、との願いを設立に込めた。

いわく「天地の理を窮《きわ》め、もって之《こ》の天職を全《まっと》うし、人の道を踏《ふ》み、以《もっ》て社会の文化と福祉《ふくし》の向上《こうじょう》を図《はか》るために、学問をする」と（同大学のウェブサイトから）。今回の受賞で、創立者の信念が、88年の時を超《こ》えて花開いたといえよう。

同大学の網中政機《あみなかまさき》元学長はかつて本紙のインタビューで、創価教育の父・牧口初代会長と、創立者の田中氏には深く響《ひび》き合うものがある、と述べている。国家主義の時代にあって、子どもの幸福のための教育を掲《かか》げた牧口会長。対して、庶民の幸福を追求したのが田中氏であった点に着目している。

青色発光ダイオードの光は、私たちの日々の生活を大きく変えた。それは「民衆の幸福のための学問」の輝《かがや》きでもある。

2014・10・27

「絶対に歩《あゆ》みを止めちゃいけない！」

「水澄《す》む」とは秋の季語《きご》。秋になると空気の爽《さわ》やかさを感じ、川や湖《みずうみ》の水も清《きよ》らかに映《うつ》る。紅葉映《は》える「秋の川」は、この季節の楽しみだ。

流れない川というものはない。中国の古典『呂氏春秋《りょししゅんじゅう》』に「流水不腐」とある。「常《つね》に動いている水は腐《くさ》らない。同様に、人間も活動しなければ次第に身も心も衰《おとろ》えてしまう」との格言《かくげん》だ。

愛知の堅塁《けんるい》長（ブロック長）の体験。5年前、妻が乳がんになった。リンパ節《せつ》まで切除《せつじょ》したが、転移《てんい》の可能性があり、抗がん剤の治療《ちりょう》をすることに。夫婦で病魔《びょうま》粉砕《ふんさい》の唱題に励み、弘教も実《みの》らせた。〝ここまで頑張《がんば》ったから〟。そんな期待と裏《うら》腹《はら》に、医師は背骨《せぼね》への転移、さらに目の難病に侵《おか》されていることを告《つ》げた。

〝どうして⁉〟。宿命を嘆《なげ》く堅塁長を同志は励ました。「絶対に歩《あゆ》みを止めちゃいけない！」

その言葉に、堅塁長は再《ふたた》び立ち上がった。完治《かんち》を願う祈りには〝広布のために〟との思いを込め、それまで以上に懸命《けんめい》に学会活動に励んだ。治療も功《こう》を奏《そう》し、今年、医師から「がんが消えています」と。目の病《やまい》も治《なお》っていた。

日蓮大聖人は「水の信心」を「水のごとくと申《もう》すは・いつも・たい（退《たい》）せず信《しん》ずるなり」（御書1544ジペー）と仰《おお》せだ。前進を貫《つらぬ》く中にこそ、生きた証《あか》しを刻《きざ》むことができる。

2014・11・24

「若い時の苦労は、買ってでもせな、あきまへんなぁ」

「楽《らく》すれば／らくがわざして／楽ならず／らくをせぬ身は／はるか楽々」。大阪市内でこんな歌碑《かひ》を見かけた。松下幸之助氏の言葉を思い出した。「若い時の苦労は、買ってでもせな、あきまへんなぁ」

氏はかつて、自身が「成功した理由」を三つ挙《あ》げた。「学歴がなかった」「貧《まず》しかった」「病弱だった」。普通はどれも「成功しなかった理由」に挙げそうなことである。

氏は、池田名誉会長との対談で、苦闘の中にも、常《つね》に喜びや希望があった、と語った。逆境を〝成長の因《いん》〟にするのも、〝後退《こうたい》の因〟にするのも、全《すべ》て心の強さ次第《しだい》ということだろう。

名誉会長は、〝苦労は買ってでも〟という氏の言葉を、繰《く》り返《かえ》し青年に教えてきた。自身もまた、氏の言葉そのままの青春を送ったからだ。昭和25年、事業の破綻《はたん》に直面する戸田第2代会長を、名誉会長は一人支《ささ》えて働《はたら》いた。その年の11月の日記に「此《こ》の冬も、オーバーなしで通そう」とある。短い言葉に、万感の思いがこもる。後に語った。「偉大なる師匠とともに、二度とない青春を悔《く》いなく戦える誇《ほこ》りと喜びで、わが心は王者のごとく輝《かがや》いていた」

今の苦労も、未来の勝利という実証への一つのドラマなのだ——こう決めて苦難に立ち向かう。そこに私たちの信仰の真骨頂《しんこっちょう》がある。

2014・12・6

「百万一心《ひゃくまんいっしん》」――心一《ひと》つに一人《ひとり》立つ

広島県安芸高田《あきたかた》市吉田町で先月、行われた中国農漁光部《のうぎょこうぶ》の大会。戦国時代、中国地方を統一した毛利元就《もうりもとなり》の里《さと》らしく、会場に「百万一心《ひゃくまんいっしん》」の言葉が掲《かか》げられていた。

伝承《でんしょう》によると、同町に築《きず》かれた郡山城《こおりやまじょう》の拡張工事の際、石垣が崩《くず》れた。当時、強固《きょうこ》な城を造《つく》るために人柱《ひとばしら》を立てる風習があったが、元就は人間を埋《う》めることを禁じた。そして人柱の代わりに、先の言葉を刻《きざ》んだ石を埋めさせた。〝人柱よりも、「百万の人々が心を一つにする」ことのほうが大事である〟と。

「百」と「万」の字は、あえて崩《くず》し、「一日《いちにち》　一力《いちりき》　一心《いっしん》」と読めるように刻まれている。一人一人が日々、力《ちから》を合わせ、心一つにして臨《のぞ》めば、不可能なことはない、との叫《さけ》びだ。

団結とは、互《たが》いに寄《よ》り添《そ》い、もたれ合うことで生まれるのではない。「一見、矛盾《むじゅん》するようであるが、自《みずか》らが『一人立つ』こと」と池田名誉会長は語る。『誰かがやるだろう』と、安易《あんい》に考えている限《かぎ》り、どこまでいっても、真の団結を築くことはできない」と。大切なのは、「私がやる！」と立ち上がること。この「一人立つ」勇者と勇者の連帯こそが、真の団結を生み、歴史をつくる力となる。

心を合わせ、力を合わせ、何よりも祈りを合わせて、盤石《ばんじゃく》な「創価の人材城」を築いていこう。

2014・12・13

〝ありのままの自分〟って〝今のままの自分〟？

ディズニー映画の主題歌「ありのままで」は今年の大ヒット曲。競争社会の現代にあって、〝自分らしく生きる〟ことを歌う歌詞が共感を呼《よ》んだ。

では、どうすれば〝ありのまま〟に生きられるのか。単なる〝今のままの自分でいい〟という現状肯定《こうてい》では、幸福は得られないだろう。自分は今のままでいたくても、周《まわ》りの環境は変化していく。結局は、常《つね》に環境に縛《しば》られ、ありのままに生きることは難《むずか》しい。

日蓮大聖人の仏法は、こうした安易《あんい》な自己満足の考え方とは大きく異《こと》なる。

御義口伝《おんぎくでん》には「即《そく》の一字《いちじ》は南無妙法蓮華経《なんみょうほうれんげきょう》なり」（御書732ジペー）と仰《おお》せである。「煩悩即菩提《ぼんのうそくぼだい》」や「生死即涅槃《しょうじそくねはん》」の「即」について大聖人は、真剣でたゆみない仏道修行によってこそ、煩悩に翻弄《ほんろう》される自身を、知恵を発揮《はっき》していく自分へ、苦悩《くのう》に満《み》ちた生死を、揺《ゆ》るぎない大安心の涅槃へ転《てん》じていけると教えられた。

現代的に言えば、信心を根本とした「人間革命」の実践によってこそ、万人《ばんにん》に本来そなわる〝ありのままの自分〟すなわち、仏性《ぶっしょう》を開くことができるのだ。

「ありのままで」の歌詞は、〝自分の可能性を試《ため》したい〟〝変わりたい〟という誓《ちか》いを歌っていた。幸福になるには、挑戦が要《い》る。その積み重《かさ》ねの中に〝ありのままの自分〟が輝《かがや》く。

2014・12・26

“もうだめだ”と思っても生き抜《ぬ》くんだ！ そこが人生の勝負どころだ

一年を共《とも》に過《す》ごした手帳やカレンダーを繰《く》ると、今年も、多くの出来事があったことに気付く。書き込んだ予定や計画は、過《す》ぎ去れば、貴重《きちょう》な人生の記録となる。

チャップリンの映画デビューから、今年は100周年。彼の残した名言の中に「人生はクローズアップで見れば悲劇。ロングショットで見れば喜劇」とある。その時はつらく思えても、長い目で見れば楽しい思い出になる。両親の離婚で養《よう》護施設《ごしせつ》を転々とし、度重《たびかさ》なる苦境《くきょう》を勝ち越《こ》えた喜劇王の確信だ。

大阪で学習塾を営《いとな》む壮年は36年前、創価大学在学中《ざいがくちゅう》に聞いた創立者・池田名誉会長のスピーチが人生の指針となった。「〝もうだめだ〟と思っても、生き抜《ぬ》けば大した問題ではなくなる」「生き抜くんだ！　そこが人生の勝負どころだ」

卒業後、旅行業を営むが、バブル崩壊《ほうかい》の影響で倒産。多額の債務《さいむ》を抱《かか》え、友人も心配するほど。だが、家族一丸《いちがん》で経済苦を克服《こくふく》。創立者と再会した折《おり》に、「ヤマは越えたね」との激励を受けた。親子全員が創価教育の同窓生《どうそうせい》として、和《わ》楽《らく》の実証を示《しめ》す。

苦難に直面した時にどう立ち向かうか。そこに信仰の真価《しんか》は光《ひか》る。「最後の勝利」を強く信じて進みたい。ベストを尽《つ》くす一瞬《いっしゅん》一瞬が、偉大な人間革命の勝利劇を描いている。

2014・12・27

「ワシらは昔から『一代飛《いちだいと》ばし』百年後を目指《めざ》して頑張《がんば》ってるよ」

本年最後の座談会。未来部メンバーが、朗々《ろうろう》と御書を拝読《はいどく》する。毎月、好評の式次第だ。

「うちの地区の前途《ぜんと》は洋々《ようよう》や」。錦宝会《きんぽうかい》（多宝《たほう》会）のブロック長が目を細《ほそ》める。その未来部員の父や母が、まだ青年部や未来部のころから、支《ささ》え励ましてきた同志たちが拍手を送る。「学会家族」の温《あたた》かさに、冬を忘《わす》れる一時《ひととき》だった。

福島県・飯舘村《いいたてむら》出身の青年に会った。故郷を失《うしな》った人たちのために東奔西走《とうほんせいそう》。海外メディアにも、しばしば登場する。「百年後の故郷づくり」を目指《めざ》して、福島の未来を考える会議をスタートさせたところだ。

彼が、ある農家の「おじいさん」に会った。「なに？　百年後？　今ごろになって、そんなこと言ってるのか？　ワシらは、昔から『一代飛《いちだいと》ばし』で頑張《がんば》ってきた」

荒《あ》れ地を開墾《かいこん》する。適《てき》した作物が見つかるまで、何度も失敗を重《かさ》ねる。時間がかかる。子どもの時代には、無理かもしれない。「一代飛ばし」で、せめて孫《まご》の時代には豊《ゆた》かに——そんな思いで、頑張ってきたのだ。「林業《りんぎょう》なんて、最初から、百年後を目指して木を植《う》えてるよ」。はるか遠くの未来を見据《みす》えながら暮《く》らしてきた先輩たちに、頭が下がったという。

きょうも「今」を耕《たがや》そう。地道《じみち》な持続のなかに、未来の豊饒《ほうじょう》は、きっと約束されている。

（池田名誉会長撮影。1999年5月、韓国・済州島）

第3章　友情を広げる

2014・1・28

自分の方《ほう》から声をかける
胸襟《きょうきん》を開《ひら》いて飛び込んでいく

婦人の読者から便《たよ》りが届《とど》いた。彼女はいわゆる〝学会3世〟。だが、昨年の夏ごろまでは会合に参加せず、悩《なや》みに直面しても御本尊に祈れなかった。

彼女の心を開《ひら》いたのは、地元の支部婦人部長。彼女の母とは話していたが、次《し》第《だい》に彼女とも言葉を交《か》わすように。いつも帰る間際《まぎわ》に「勤行しようね」など一《ひと》言《こと》を添《そ》えるのだった。それが数回続いたとき、彼女の心に変化が起き、勤行・唱題を始めるようになった。その後は本紙の購読推進に挑《いど》み、秋には教学部任用《にんよう》試験に合格した。

便りには「自分の悩みはいつしか消え、人の幸せを願えるようになりました」とつづられていた。真心《まごころ》から発する〝一言〟は、相手の心に刻《きざ》まれ、いつか転機《てんき》をもたらす。彼女の発心《ほっしん》のドラマに、そのことをあらためて教えられた。

「先生は、どのようなことを心がけて、青年の育成に当たられたんでしょうか」――小説『新・人間革命』第25巻の「福光《ふっこう》」の章の一場面。山本伸一会長は答えている。「私は常《つね》に、自分の方《ほう》から青年たちに声をかけ、率直《そっちょく》に対話し、励ましてきた」「胸襟《きょうきん》を開いて飛び込んでいくんです」

〝目の前の一人〟に、粘《ねば》り強く励ましの声を。その時の反応がどうあれ、心と心に信頼の橋を架《か》けていることを信じて。

2014・2・12

「約束《やくそく》を守る」ことから信用が生まれる

新しい図書が増えたことを心から喜び、われ先にと〝競《きそ》って〟読む子どもたち――その姿に、本のある環境がいつしか当たり前となり、本のありがたさが分からなくなっていた自分を猛省《もうせい》した。

今月4日に行われた、沖縄・伊良部島《いらぶじま》の小学校に対する300冊の図書贈呈式。読書量の多い学校だが、島には書店も公立図書館もない。だからだろうか。休み時間になると、児童が学校の図書館に駆け込む光景が日常茶飯事《さはんじ》という。

贈呈式で児童は言った。「池田会長さんが約束を守り、私たちの小学校へ何度も図書贈呈を行《おこな》ってくれていることに大変感動しました」。子どもたちは、池田名誉会長が出席した40年前の図書贈呈式について調べていた。

この時、名誉会長は１００６冊を贈り、戦争によって本を買えず、読みたくても読めなかった青春時代の体験を振《ふ》り返《かえ》り、「どんなことがあっても、少年少女期には本を与《あた》えていかなければならない」「これからも2回、3回と本を贈っていきたい」と。今回の贈呈が、１９７４年、２００４年に次ぐ3回目だった。

「約束を守る」ことから信用が生まれる。本は、島の子どもたちの成長を願い、40年間、忘れなかった心の結晶。本とともに、人間としての生き方を贈り届《とど》けたのだ。

２０１４・２・１５

あいさつは「こちらから」「明るく」「笑顔で」

各地で記録的な大雪に見舞《みま》われた先週末。やんだ後には、学会の各会館で雪かきに汗《あせ》を流す青年部などの姿が見られた。

東京都内のある会館。除雪《じょせつ》をする男子部員が、会館の近隣《きんりん》で一人、雪と格闘する婦人を見つけた。「お手伝いします！」。皆で急行して作業。「ありがとうね」「いつもお世話になっていますから」。雪かきで友好の語らいが広がった。

あるヤング・ミセスは昨年、よく見掛《みか》けるようになった近所の壮年に、あいさつを始めた。「こんにちは！」。びっくりされたが、すぐに打ち解《と》けた。実《じつ》は、壮年は故郷の県紙に連載をもつ芸術家。後に、思いやりの言葉が足《た》りない社会を憂《うれ》えたエッセーを書き、最近うれしかったこととして、この若い女性との出会いを記《しる》した。

深い友情といっても、日常的な声掛けから始まることが多い。池田名誉会長夫人の『香峯子抄《かねこしょう》』には、東京・大田のアパートに住んでいた際、共同の洗濯場でおしめを洗う時に同じく赤子《あかご》を抱《かか》える人と知り合いになり、半世紀を超《こ》えて友好が続く話が紹介されている。

あいさつは「こちらから」「明るく」「笑顔《えがお》で」――近隣友好を深める〝達人〟の方々は語る。真心《まごころ》の声掛けが、わが地域に出会いの春、友情の春を運《はこ》んでくる。

2014・3・10

勇気を送りたいなら　何度でも励ますことだ

アメリカ公民権運動の指導者・キング博士は「I have a dream（私には夢がある）」の言葉で知られる。演説でこれを9度繰《く》り返したことは以前、小欄でも取り上げた。

伝えたいことを反復することは効果的な手法だと、コピーライターの岡本欣也氏は述べている（『「売り言葉」と「買い言葉」』NHK出版新書）。人は興味があることには進んで耳を傾《かたむ》けるが、一方、初めは関心がなくても、何度も耳にする言葉が、いつか〝心に落ちる〟こともある。

昨秋、伊豆大島《いずおおしま》を襲《おそ》った台風26号による土石流《どせきりゅう》災害から、間もなく150日。大島の男子部は、地域の復興活動とともに、同志の激励に奔走《ほんそう》した。その中で昨年末、初めて学会の会合へ足を運《はこ》んだ友がいた。

自《みずか》ら信仰を求めていたとき、彼の脳裏《のうり》に浮《う》かんだのは、「信心で必《かなら》ず変われる」「いつでも待ってるよ」との言葉だった。何度も届《とど》く手紙に、いつもつづられていたのである。大島の男子部は現在、会合の参加者がかつての数倍に増え、希望の対話を広げる。

前述《ぜんじゅつ》の演説で、キング博士は「我々《われわれ》は一人で歩くことはできない」と言った。勇気を送りたいなら、言葉を選ぶ必要はない。何度でも励ますことだ。相手が受け取るのは、言葉の奥にある真心《まごころ》だから。

2014・3・19

一人の体験は　友の励みとなり希望となる

東京のある区で、ヤング男子部が「○○と仏法」という集《つど》いを開いている。○○に入るのは登壇者の職業だ。信仰に励むことが〝社会で勝つ〟ことに、どう結《むす》びつくか。それを、男子部員が自分自身の実証を通して語る。これまでに8回、「ゼネコンと仏法」「特許《とっきょ》事務と仏法」などの題で行われ、ためしに聞きに来て、後日、入会する青年も現《あらわ》れたという。

社会人2年目の友は「人材派遣《はけんぎょう》業と仏法」をテーマに発表していた。登録スタッフと企業、双方《そうほう》の希望と状況を聞き、将来まで考え抜いてベストの組み合わせを導《みちび》き出す。「求められるのは、相手の立場に立つ心。それを教えてくれたのは、とことん部員さんに関《かか》わっていく学会活動でした」。部署随一《ぶしょずいいち》の業績を収《おさ》める彼の一言一言《ひとことひとこと》は、〝信心即《そく》社会〟の手応《てごた》えと喜びに満ちていた。

小説『新・人間革命』につづられる体験について、ある識者は「ある人の勝利の体験を、次世代の後継者たちが確かに受け継《つ》いでいく」「これが世界中で起こっている創価学会の未聞《みもん》の〝実験〟の結果」と評価する。

一人の体験は、それを語ることで、他者《たしゃ》の励みへと価値を広げる。ここに同志と歩むありがたさがある。私のきょうの前進が、やがてあしたの友の希望となる。

2014・4・4

人は いろいろな〝顔〟を持っている 一つの〝顔〟だけでは判断できない

東京富士美術館が企画協力した写真展「101年目のロバート・キャパ」を鑑《かん》賞《しょう》した。

7万点に及《およ》ぶネガから厳選《げんせん》した作品、キャパの肉声《にくせい》や母親に宛《あ》てた自筆書簡《じひつしょかん》、友人の証言等を通して、彼の魅力《みりょく》と実像《じつぞう》に迫《せま》る。展示を担当したデザイナーは「キャパといえば『戦争写真家』という、これまでの印象がかなり崩《くず》れるかもしれません」と。

人は、いろいろな〝顔〟を持っている。ある人についての印象は、自分の心のレンズで捉《とら》えた、自分なりの見え方に過《す》ぎないかもしれない。瞬間《しゅんかん》に見えた、一つの〝顔〟だけで、人を判断することは戒《いまし》めたい。それが全人格を表《あらわ》すわけでもないし、人は変わるものだ。〝努力の人は三日離《はな》れているだけで、見違《みちが》えるほど成長する〟との中国の言葉もある。

カメラマンが、撮《と》る対象に、さまざまな方向からレンズを向けるように、対話においても、さまざまな角度からその人を見て、自分との接点を探《さぐ》り、長所を見つけたい。

——そんなことを考えていると、展覧会でキャパのこんな言葉を見つけた。「ここで二枚の写真を撮らせてくれたら、数千語の言葉より多くのことを表現できるのに」（野中邦子訳）。一枚でなく、「二枚」というところに意味がある。

2014・5・8

広宣流布は「言葉」を通して伸展《しんてん》する

誕生して3年目に入った「少年少女きぼう新聞」。5月号では、見開《みひら》き企画（4・9面）に「方言キャラ」が登場し、各地のお国《くに》言葉を紹介している。方言をキャラクター化するという、創造性豊《ゆた》かなアイデアが光る。

青森の「じょっぱり」君は、頑固者《がんこもの》の意味を体した、堂々たる容貌《ようぼう》が印象的だ。池田名誉会長は、青森の県紙「東奥日報《とうおうにっぽう》」への寄稿《きこう》で、逆境《ぎゃっきょう》に立ち向かう東北青年の負けじ魂《だましい》を「じょっぱり精神」とたたえ、エールを送っている。

作家・田澤拓也氏が「東奥日報」に連載し、単行本となった『外ケ浜《そとがはま》の男』

（角川学芸出版）では、会話が、津軽弁《つがるべん》を中心とした方言でつづられている。その横に振《ふ》り仮名《がな》のように、共通語の添《そ》え書きがある。例えば、「ぐうぐど」「のれそれ」には、それぞれ「急いで」「全力で」というように。

方言には、その地その地で育《はぐく》まれた温《あたた》かみや深み、趣《おもむき》がある。日本語は多様《たよう》性《せい》に富《と》む。その豊かさを、子どもたちに託《たく》していきたい。

今、日本の津々浦々《つつうらうら》で友好の語らいが展開され、そこでは郷土《きょうど》言葉が飛び交《か》っている。広宣流布《こうせんるふ》は「言論」によって伸展《しんてん》する。その拡大は、言葉を基盤《きばん》にした民衆文化の発展にもつながるはずだ。紙面を刷新《さっしん》した聖教新聞も、心新《あら》たに一翼《いちよく》を担《にな》っていきたい。

2014・6・8

「わが地域」という責任感 「わが仲間」という信頼

ある町の「まちづくりシンポジウム」を取材した。高齢化が進む海沿《ぞ》いの町。しかし、防災やコミュニティーづくりの観点で、消防庁から「長官賞」を贈られるなど、その「先進《せんしん》の町づくり」が高く評価されている。

出席した研究者が語っていた。「不思議《ふしぎ》なことに、この町のように自主防災組織がきちんとできているところは、全国的にみて、子どもの学力も高いんですよ」。もちろん、防災と学力に直接の因果《いんが》関係はない。ポイントは「わが町」意識にあるようだ。

地域の課題は何か、自分は何をすべきなのか——一人一人が「わが町」という当事者《とうじしゃ》意識を持ち、行動する。その取り組みが、防災、教育など、さまざまな分野で花開くという。

町づくりのもう一つのポイントは、「顔見知《かおみし》りになること」。この町でも、全戸アンケートを行うときは、町内会の役員や住民が、一軒一軒《いっけんいっけん》、訪ねて回《まわ》る。アンケートの回収率を上げるためでもあるが、最大のメリットは、そうすることで「顔見知り」となり、家族や健康などの話題を気軽《きがる》に語り合えるようになることである。

「わが地域」という責任感、「わが仲間」という信頼。それは、広布の活動でも基本だろう。盤石《ばんじゃく》のブロック、地区づくりへ。額《ひたい》に汗して、地域を歩こう。

2014・6・13

サッカーW杯《ワールドカップ》――「人類は一つ」のメッセージに期待

「おもてなしの心」は日本の専売特許《せんばいとっきょ》ではない。寛容《かんよう》と歓待《かんたい》の心「オスピタリダーデ（ホスピタリティー）」は、ブラジルの美徳《びとく》でもある。

当地で「FIFAワールドカップ」が行われる意義は、単に「サッカー王国で64年ぶりの開催」にとどまらない。「人種デモクラシーの国」での大会が、人種差別《さべつ》と断固《だんこ》戦い、人類は一つ、というメッセージを発することを期待したい。

サッカーの歴史は、暴力と差別との戦いの軌跡《きせき》でもある。本年4月、スペインでこんなことがあった。「バルセロナ」に所属するブラジル代表のダニエウ・アウベス選手に、試合中、人種差別の悪意を持った観客からバナナが投げ入れられた。すると同選手はそれを拾《ひろ》い上げ、悠然《ゆうぜん》と頬張《ほおば》った。見事な機転《きてん》と知恵で、愚《おろ》かな差別行為を葬《ほうむ》ったのである。世界が喝采《かっさい》を送り、ネイマール（ブラジル）、アグエロ（アルゼンチン）ら名手がバナナを食べるなどして連帯を表明した。「私たちはみんな同じ」と。

日本人として、日本代表の勝利は期待する。だがそれ以上に、丸い地球の何十億もの人々が、ブラジルの緑の芝を行き交《か》う一つの丸いボールをめぐって、笑い、泣き、手をたたき、舞い踊《おど》る時を共《とも》にする事実を喜び合いたい。世界が一つになる1カ月が始まる。

2014・7・18

心に残るプレゼントは　どんなものでしたか？

〝心に残るプレゼントはどんなものでしたか〟。少し前の話になるが、このアンケートに対する答えで最も多かったのが「子どもや身内《みうち》からの手紙やメール」だった（2011年、くらしの良品研究所）。

第2位も「花、植物」で、これも一般的には、資産的な価値として残せるものではない。お金には換《か》えられないものこそが、人を幸せにする。最高の贈り物は、「物」ではなく「心」なのだ。

ある壮年部員に孫が生まれた。うれしくて、祝福してやりたいが、生活は苦しく、お祝《いわ》いの品を買える余裕《よゆう》がなかった。そこで壮年は、孫が誕生した日の本紙を贈った。どうかいつまでも、学会と、師匠と共《とも》に歩《あゆ》む人生であってほしい、との願いを込めて。

孫は大学を卒業し、就職、結婚し、現在、男子部のリーダーとして活躍する。彼の御書には、〝あの日〟の本紙に載《の》った「きょうの発心《ほっしん》」の欄《らん》が切り抜かれ、挟《はさ》んである。

同欄に引用《いんよう》された御聖訓は、「蒼蠅驥尾《そうようきび》に附《ふ》して万里《ばんり》を渡《わた》り碧蘿松頭《へきらしょうとう》に懸《かか》りて千尋《せんじん》を延《の》ぶ」（御書26ジペー）だった。「〝学会から離《はな》れず、信心根本に生き抜《ぬ》けば、絶対に間違いない〟という祖父の言葉と二重写《にじゅううつ》しに感じます」と彼。あの日、贈られた祖父の「心」が、紙片《しへん》の上、彼の心の中で、光を放《はな》ち続けている。

2014・8・2

涼風《りょうふう》を運ぶ打《う》ち水《みず》――こまやかな思いやりと誠実《せいじつ》さ

梅雨《つゆ》が明けた後の7月下旬の昼下がり、学会の会館の前で、運営役員が水をまいていた。通りがかった女性が「涼《すず》しいね」。子どもたちは、小さな虹《にじ》に歓声《かんせい》を上げた。

猛暑《もうしょ》にひとときの涼《りょう》を演出する打《う》ち水《みず》。気温が下がり、そよ風が発生するとの実験結果もある。節水の観点から、水道水ではなく、風呂の残り湯などの二次利用水、ためた雨水を使うのが望《のぞ》ましい。

「武士町《ぶしまち》や　四角四面《しかくしめん》に　水を蒔《ま》く」とは小林一茶《いっさ》の句。江戸時代の俳句や浮《うき》世絵《よえ》には、打ち水がたびたび登場する。エアコンや扇風機《せんぷうき》などない時代、暑《あつ》さを和《やわ》らげる知恵として、打ち水は庶民の生活と、今よりずっと深く関《かか》わっていた。土埃《つちぼこり》をおさえる効果も。また茶会では、礼儀作法《れいぎさほう》として打ち水が行われる。

実業家・松下幸之助氏が京都の別邸「真々庵《しんしんあん》」に池田名誉会長を迎《むか》えた際、到着時間を見計《みはか》らって何分前に最後の打ち水をすればいいのか、直前まで夫人と話し合っていたという。靴《くつ》を湿《しめ》らせず、かつ石の道を乾《かわ》かさず、最もしっとりした状態で迎えたい――。打ち水のタイミング一つにも、相手を思う誠実《せいじつ》な人柄がにじむ。

近隣で、帰省先で、人と触れ合う機会が増える8月。こまやかな思いやりで、心から心へ、さわやかな友情の風を吹かせたい。

2014・8・17

子どもたちに寄《よ》り添《そ》う大人でありたい

さまざまな事情で、親と暮《く》らせない子どもたちが住む児童養護《ようご》施設。日本では3万人以上の子どもたちが暮らしている。アジア各国のドキュメンタリーで有名な刀川和也《たちかわ》監督が、国内の一つの施設に8年間、通《かよ》い続け、作った映画「隣《とな》る人」の上映会に参加した。

困難を抱《かか》える子どもたちと、「家族」のように接《せっ》する保母さん（保育士）たちの交流。終始《しゅうし》、たくさんの観衆がハンカチを目に当てている。上映後、大阪で子どもたちの支援ボランティアをしている婦人が懐《なつ》かしい思い出を語っていた。

――子どものころ、近くに児童養護施設があった。通っている小学校のクラスには、施設から来る子どもたちがいて、友だちになった。その施設の寮《りょう》に暮らす若い保母さんがいた。お姉さんのように慕《した》われていた。私のこともかわいがってくれた。ピアノも教えてくれ、寮の小さな部屋に習《なら》いに通った。

思い出を語った婦人は創価学会員。そのお姉さんは、未来部の担当者でもあった。寮から自転車を走らせて、いつも未来部員の家を訪ねてくれていた。

子どものとき、そばにいて、励ましてくれた大人の存在は、いつまでも温《あたた》かい思い出として、人の心に残る。未来部の、そして地域の子どもたちに寄《よ》り添《そ》う、そんな「私」でありたい。

2014・9・17

時とともに輝《かがや》きを増す　掛《か》け替《が》えのない記念日

1年365日には多くの記念日がある。「敬老《けいろう》の日」や「秋分《しゅうぶん》の日」といった国民の祝日をはじめ、企業や団体が制定した記念日など、2400以上の記念日が存在するという（日本記念日協会調べ）。

家族の誕生日や結婚記念日など、個人的な記念日も年齢を重《かさ》ねるごとに増えていく。記念日には、思い出を節目《ふしめ》とし、いつまでも大切にしたいとの思いが詰《つ》まっている。

未入会の母親に、昨年夏から対話を重《かさ》ねてきた東京の男子部員。いつしか朝晩の勤行が２人の日課となり、学会の集《つど》いにも共《とも》に参加するようになった。この夏、母から「９月４日に入会したい」との一言が。その日は、息子である男子部員の31歳の誕生日だった。

迎えた入会記念勤行会。男子部員が、自分を産み、育《はぐく》んでくれたことへの感《かん》謝《しゃ》を語ると、母は笑顔で「私こそ感謝です。きょうを原点に、また家族で頑張《がんば》っていこうね」と。壮年・男子部の参加者全員で「母」の歌を合唱し、会場は温《あたた》かい拍手に包《つつ》まれた。

御書に「今生人界《こんじょうにんかい》の思出《おもいで》」（467ジペー）という言葉がある。友の幸福を祈り、語り、行動したことは、生涯の宝の思い出になるとの仰《おお》せだ。広布に駆《か》けた一日一日は、掛《か》け替《が》えのない〝栄光の記念日〟となり、時とともに輝《かがや》きを増していくに違《ち》《が》いない。

2014・9・18

「患者《かんじゃ》さんに同情《どうじょう》はしません。僕は一緒《いっしょ》に闘《たたか》います」

「患者《かんじゃ》さんに同情《どうじょう》はしません」。腕が立つと評判の医師の口《くち》から、意外《いがい》な言葉を耳にした。続けて彼は言った。「僕は一緒に闘《たたか》います」

患者が苦しむ表情に、当然、心は痛《いた》む。だが〝何としても元気になってほしい〟と願うからこそ、最善《さいぜん》の治療《ちりょう》に全力を挙げるという。「同情」程度の中途半端《ちゅうとはんぱ》な気持ちではなく、同じ関《かか》わるなら、本当に相手のためになるよう、力《ちから》を尽《つ》くすことだ。

ある壮年部員の話。中学生の時に参加した座談会で、目標を発表した。「自信はないんですけど……」との言葉に、すかさず、年配の婦人部員が呼《よ》び掛《か》けた。「この信心に真っすぐ生きれば、おめさんは何だってできる！　自信満々《じしんまんまん》でいこう！」

真剣かつ愛情こもる一言に発奮《はっぷん》した壮年は、夢だった小学校の教師となった。「あの日の、信心の確信みなぎる、おばあちゃんの迫力《はくりょく》、慈愛《じあい》が、今も私の背中を押し続けてくれています」。あの時の一言は、謙遜《けんそん》だったかもしれない。それでも婦人は、言葉の奥に潜《ひそ》む弱気《よわき》を見抜《みぬ》き、あえて直言《ちょくげん》したのだろう。

友との語らいに配慮《はいりょ》は大切。だが、安易に相手と話を合わせるだけでは、新たな価値は生まれない。真剣に友の幸福を願う心は、必《かなら》ず相手に通じる。真剣勝負の励ましに、きょうも歩こう。

2014・10・7

感謝の言葉は　幸福感を2倍にしてくれる

池田SGI会長とも対談したアメリカ心理学会の元会長・セリグマン博士は、「ポジティブ心理学」の提唱者として知られる。博士が、二つのグループに分けて行《おこな》った、「感謝《かんしゃ》」に関する実験がある。

一つのグループは、「お世話になったが、感謝の意《い》を表していない人」に感謝の手紙を書き、訪問して直接渡すようにした。それを行わなかったグループと比較すると、訪問から1週間後、そのさらに1カ月後と、長期間にわたって幸福感が続いたという（ロバート・A・エモンズ著『Gの法則』片山奈緒美訳）。

感謝を言葉や文字にして伝えることは、幸福感を2倍にしてくれる。話し、つづった言葉は、相手に届《とど》くだけでなく、発した自分自身にも返ってくるのだ。

先日、関西創価学園を訪《おとず》れた韓国・国立済州《チェジュ》大学の趙文富《チョムンブ》元総長。SGI会長と出会い、友情を結《むす》んだ喜びを表しつつ、こう述べていた。「普段の生活の中で、感謝する出来事に遭遇《そうぐう》するのは、それほど多くはない」。ゆえに、人生の中で感謝する出来事を多く持つ人は、幸福な人である、と。

哲学者アランは「幸福だから笑うのではない。笑うから幸福なのだ」と言ったが、それにならえば、幸福だから感謝が湧《わ》くのではない、感謝できるから幸福になるのであろう。

2014・10・11

文化は「友情の土台」「人類の第二の太陽」

明年6・7月の民音公演・舞劇《ぶげき》「朱鷺《とき》」のプレビュー上演会が7日、都内で行われた。中国人民対外友好協会はじめ諸団体と民音が、4年の歳月をかけて共同制作したものだ。

トキは日中友好の象徴《しょうちょう》。日本で野生絶滅種《やせいぜつめつしゅ》となり、1999年に、中国から2羽が贈《おく》られた。トキをモチーフにした愛と共生《きょうせい》の物語を、日中の各界の来賓《らいひん》が鑑賞《かんしょう》した。

中国には、文化をないがしろにする態度《たいど》を戒《いまし》めた、こんな言葉があるという。

「口先《くちさき》では『重要』、行う時には『次要《じよう》』（二の次）、忙《いそが》しい時には『不要《ふよう》』」。だが本来は逆である。文化は友情の土台であり、友好を切り開く〝武器〟となる。人間と人間であれ、国と国の関係であれ、それは同じだ。米中対話の端緒《たんしょ》を開いたピンポン外交（71年）、中国から上野動物園にやってきたパンダのブーム（72年）も、広い意味で「文化が開いた関係改善」といえよう。

中華文化促進会《そくしんかい》の高占祥《こうせんしょう》主席は、池田名誉会長との対談で語る。文化の力《ちから》とは「科学の進歩や経済の発展、社会の繁栄《はんえい》などに無限の力《ちから》を与《あた》える原動力です。言い換《か》えれば『人類の第二の太陽』」と（『地球を結ぶ文化力』潮出版社）。

創価大学では「池田大作と中国展」も開幕した。東アジアに文化の懸《か》け橋を、強く太く、幾重《いくえ》にも結ぶことを期待したい。

2014・11・5

「絶対に幸せに」——忘《わす》れ得《え》ぬ瞬間《しゅんかん》が生涯の原点に

夕食前のひとときだろうか。母子の笑い声が聞こえてくる。家々が立ち並ぶ、ネパール・カトマンズの近郊の丘を訪《おとず》れた。「条件が良ければ、ヒマラヤがきれいに見える」と地元住民にも人気のスポットだ。

1995年の11月、池田SGI会長はこの場所で、夕焼《ゆうや》けに染《そ》まるヒマラヤを写真に収《おさ》めた。山を覆《おお》っていた雲が流れ、王者の峰《みね》が姿を現したのは、一瞬の出来事。まるでヒマラヤが、SGI会長の来訪を祝福しているようだった、と同行した友は振《ふ》り返《かえ》る。

当時、空き地が広がっていた丘は、今では、道路がきれいに舗装《ほそう》され、地域有数の高級住宅も立ち並んでいる。

SGI会長はネパールで、数々の行事の合間を縫《ぬ》って、友に励ましを送り続けた。一家の経済苦に直面していた壮年は、「絶対に幸せに」との激励に奮起《ふんき》した。翌年、事業は軌道《きどう》に乗り始め、今では、一家で大手家具販売店を経営。少女部員としてSGI会長を迎えた娘も、留学から帰国し、母国の広布に走る。

SGI会長のヒマラヤの写真は、ネパール平和会館で、同志の前進を見守り続ける。写真は、移《うつ》ろいゆく時の「瞬間《しゅんかん》」をとらえ、永遠の命を与《あた》える。人にも、生涯の原点となる「忘《わす》れ得《え》ぬ瞬間」がある。ネパールの人々と大自然は、それを教えてくれた。

2014・11・23

「彼を信用できるなら　やってみればいいじゃない」

〝創価学会に入ってみたいけど、不安もある。どないしよう？〟。中学時代の友人から信心を勧《すす》められた奈良の青年が、迷《まよ》って母親に相談した。「彼を信用できるならやってみればいいじゃない。自分で決めなさい」。パッと心が晴れた。〝それなら話は簡単だ。やってみよ〟。青年は今年9月に入会した。

後日、このやり取りを耳にした紹介者。「学会を選んでくれたこともそうですが、何より、自分を信頼してくれたことに感謝《かんしゃ》します。必《かなら》ず彼を幸せにします！」と。どんな苦難も信心で乗り越えようと誓《ちか》い合い、共《とも》に学会活動に駆《か》ける日々を送っている。

フランスの作家サン＝テグジュペリは、数々の困難に共に立ち向かい、生涯の信頼を結《むす》んだ同僚との思い出を通し、つづっている。「真の贅沢《ぜいたく》というものは、ただ一つしかない、それは人間関係の贅沢だ」（『人間の土地』堀口大學訳）。人と人を結ぶ多くの絆《きずな》の中で、〝信じ合える喜び〟に勝《まさ》るものはない。

釈尊《しゃくそん》は、〝善《よ》き友を持つことが、仏道修行の半分に相当《そうとう》するのですね〟と問う弟子・阿難《あなん》に答えた。〝それは違《ちが》う。善き友を持つことが、仏道修行の全《すべ》てなのだ〟（「サンユッタ・ニカーヤ」）と。自《みずか》らの信念を晴れ晴れと語り、信頼と友情を広げる。そこに、人生の最高の充実は輝《かがや》く。

2014・11・30

対話の名手《めいしゅ》とは　じっくり話を聞ける人

詩人の長田《おさだ》弘氏が、ジャンルや世代の壁《かべ》を超《こ》えた11人との対話をまとめた『問う力《ちから》』（みすず書房）。氏が、その経験を通して実感したのは、対話を豊《ゆた》かにするのは、「話す」よりもむしろ「聴《き》く」ことだったという。

自分の主張を相手に理解させ、同意してもらおうとするだけでは、「対話」にならない。長田氏は「対話」を、互《たが》いの言葉を手がかりとして、ゆっくりと考える時間を共《とも》にし、分け合う方法――と考察している（『なつかしい時間』岩波新書）。

甲南《こうなん》大学の井野瀬久美恵《くみえ》教授に話を聞いた。教授は、創価学会が「対話」を最重要視することに触《ふ》れつつ、「『対話』は、女性が力を発揮できる分野」と強調した。その理由として、「対話」には「辛抱《しんぼう》強さ」が求められるが、それは女性の特質でもある――と。創価の運動の広がりは、女性を先頭に、地域に根を張った、地道で粘《ねば》り強い「草の根の対話」があればこそだろう。

「対話」は「議論」とは違《ちが》う。「双方向《そうほうこう》」で成り立つ。うまく話せなくても、じっくり聞ける人こそ対話の名手《めいしゅ》だ。

池田名誉会長は「対話とは、相手から学ぶことである。そこには相手への尊敬がある。だから語り合う言葉が生まれる」と。共に学び、共に成長する対話の喜びを味わいたい。

2014・12・19

高らかに歌おう　この一年を勝ち抜いた歓喜《かんき》を

きょうも列島のどこかで、ベートーベンの「第九」が鳴《な》り響《ひび》く。年末の集中的な演奏は日本独特《どくとく》の風習だ。ルーツの欧州では、第九は「欧州連合賛歌《さんか》」になっている。今年25周年を迎えた東欧革命を象徴《しょうちょう》する歌でもあった。1989年12月、チェコのプラハではチェコ・フィルハーモニー管弦《かんげん》楽団による祝賀の第九演奏会が行われ、万雷《ばんらい》の拍手が鳴りやまなかったという。

このチェコの「ビロード革命」を象徴するもう一つの歌が、ビートルズの「ヘイ・ジュード」をチェコ語にアレンジしたもの。もとは68年の「プラハの春」の後、女性歌手マルタ・クビショヴァが、自由への願いを託《たく》して歌った。レコードは爆発的に売れたが、当局に危険視され、発禁《はっきん》処分に。彼女も、音楽界から永久追放の処分に遭《あ》う。

だが、彼女の歌声は人々の心に残った。ひそかに「ヘイ・ジュード」は歌われ続けた。プラハでの第九の演奏会と同じ89年12月、広場に集まった30万人を前に、彼女は約20年ぶりの歌声を披露《ひろう》。人々はVサインを掲《かか》げ、革命の勝利を祝福した。

歌は苦しみを半分にし、喜びを倍にする。各地で開かれる、本年の掉尾《とうび》を飾《かざ》る集《つど》い。この一年を勝ち抜《ぬ》いた歓喜《かんき》も、苦闘の中で挑戦を続ける誓《ちか》いも、いろいろな思いを込めて、われらの学会歌を高らかに歌おう。

2014・12・25

文《ぶん》は人なり心なり　思いを込めた分だけ相手に伝わる

夏目漱石《なつめそうせき》の私信《ししん》5通が、文豪《ぶんごう》ゆかりの東京・新宿区に寄託《きたく》された。正岡子規《まさおかしき》宛《あ》てのはがきが4通と、もう1通が、新たに見つかった未公開書簡《しょかん》。面識《めんしき》のない学生が「漱石論」を英語で演説し、その原稿を送ったことへの返事とみられる。

日付は明治42年（1909年）12月10日。手紙には「私の作物から一種の感化《かんか》を受けてそれがあなたの処世上《しょせいじょう》もしくは思想上に役に立つてゐるなら甚《はなは》だ嬉《うれ》しい」「あなたの手紙を読んで多大《ただい》の愉快《ゆかい》を感じた」等とあり、自分の小説が若い読者に役立ったことを素直《すなお》に喜んでいる。

この年、漱石は〝面倒《めんどう》で死にたくなる〟と日記に記《しる》すほどの重《おも》い胃病に苦しみ、仕事も多忙《たぼう》を極《きわ》めた。その文豪に、一青年の手紙がこれほどの喜びを与《あた》えたことに、新鮮《しんせん》な感動を覚《おぼ》える。

多忙で個性派ぞろいの文士《ぶんし》と付き合ってきた、編集者の大庭《おおば》登氏。彼らを説得《せっとく》する「殺し文句《もんく》」があったという。それは「読者が待っています」の一言だったを(『文士あの日あの時』第三文明社)。

自分の文を読む人の反応ほど、最もうれしく、最も怖《こわ》いものはない。文豪でなくとも、文を書く全《すべ》ての人に共通の心理だろう。今、年賀状書きと格闘する人も多いはず。文は人なり、心なり。思いを込めた分だけ相手に伝わる。心の労《ろう》を惜《お》しむまい。

（池田名誉会長撮影。1985年10月、広島）

第4章　平和を誓《ちか》う

2014・1・1

〝一人立つ〟弟子の誓《ちか》いは 世界平和の万波《ばんぱ》へ

夜明け前の仙台市の青葉城址《あおばじょうし》に上《のぼ》った。凛《りん》とした空気の中、東天がオレンジ色に染《そ》まりだす。やがて、赫々《かっかく》たる旭日《きょくじつ》が昇《のぼ》り、一日の開幕を告《つ》げる。眼下《がんか》に街並《まちな》みが姿を現《あらわ》し、朝日を浴《あ》びたビル群や川面《かわも》がキラキラと輝《かがや》きだす。陽光に包《つつ》まれた街全体が力強《ちからづよ》く律動《りつどう》を開始する朝の情景《じょうけい》は、息をのむほどに美しい。

太陽が昇ると、目に映《うつ》る世界は一変する。人類の歴史も同じだ。世界を変え、時代を開くのは、旭日のごとく、民衆を希望で照らす偉大な人間が〝一人立つ〟ところに端《たん》を発する。

60年前の春、池田名誉会長は、恩師・戸田城聖《じょうせい》第2代会長と早朝の青葉城址に赴《おもむ》いた。「学会は人材をもって城《しろ》となす」と、恩師が示した指針は、そのまま「弟子の誓《ちか》い」となった。後年、再《ふた》び城址を訪《おとず》れた名誉会長は詠《よ》んだ。

「人材の　城を築《きず》けと　決意ます　恩師の去《さ》りし　青葉に立つれば」

御聖訓に「一《いち》は万《まん》が母」（御書498ジペー）と。何事《なにごと》も一から始まる。不滅《ふめつ》の人材城の構築を誓う真正《しんせい》の弟子として、一人立った名誉会長の激闘《げきとう》は、今や世界の平和と民衆の幸福という万波《ばんぱ》へと広がった。

本年は、小説『人間革命』の執筆《しっぴつ》開始から50年。続編の『新・人間革命』へと流れ貫《つらぬ》く主題は「一人の人間における偉大な人間革命は、やがて一国の宿命の転換をも成《な》し遂《と》げ、さらに全人類の宿命の転換をも可能にする」。広布に生き抜くとき、宿命は使命に変わる。師の心をわが心とする弟子が、今いる使命の場所で一人立つとき、世界広布新時代は動き始める。

2014・2・20

妙法は「自他共《じたとも》の幸福」を生きる大道《だいどう》

「アフリカの皆さんの顔がとっても輝《かがや》いていて、引き寄《よ》せられるように一気に読みました」。本紙で連載したアフリカ座談会に寄せられた声だ。

座談会の中で、はっとさせられる発言があった。「自分は何のために生きているのか」。ある国のリーダーは入会前、こう悩《なや》んでいた。そのとき、池田SGI会長の書籍を手渡され、「自他共《じたとも》に幸せになっていく」ことが人生の目的と知り、人を幸福にしていくため、入会した。

〝宗教とは、人間が生きる、この神秘的《しんぴてき》な世界の地図のようなもの〟と表現したのは、英国の歴史家トインビー博士だ。さらに博士は「それは人生に不可欠《ふかけつ》なものです」(『池田大作全集第3巻』所収『21世紀への対話』)と。

確かに人生は神秘的だ。どうしようもない不幸な出来事も起こる。しかし、そうした荒波をも乗《の》り越《こ》えて、幸福の港へと進みゆく、確かなる軌道《きどう》が必《かなら》ずあるはずだ。それを指し示し、導《みちび》いてくれるものこそ真の宗教であろう。

今月の座談会拝読御書に「殿一人《とのいちにん》にかぎるべからず」(1557ジペー)と。「あなた一人が信じるだけでなく、信心をすすめて人を救っていきなさい」との教えだ。妙法という〝人生の地図〟が教えるのは、自他共の幸福の生き方。その大道《だいどう》を勇気を持って歩《あゆ》んでいきたい。

２０１４・２・21

瞬間《しゅんかん》の出会いは30年の時を超えて——師との記念写真

人は、さまざまなものに人生を重《かさ》ねる。駅が繰《く》り返《かえ》し映画や歌の題材になるのは、出会いと惜別《せきべつ》が詰《つ》まった場所だからであろう。

欧州のベルギーで、ＳＧＩの友が宝物にしてきた一枚の写真を見せてくれた。１９８３年６月25日、ブリュッセル南駅で池田ＳＧＩ会長と一緒《いっしょ》に撮《と》った記念写真だった。

フランスからオランダへ向かうＳＧＩ会長の行程が空路から陸路に変更になり、ベルギーを通ることに。その知らせは、すぐにメンバーに伝わり、25日午後

7時過ぎにはホームに30人ほどが集まっていた。移動の車中にも、随行《ずいこう》する同国の友がいた。「今、フランスとの国境を越《こ》えて、ベルギーに入りました」。友の報告を聞いたSGI会長は合掌《がっしょう》し、静かに題目を唱える。「ベルギーの全《すべ》ての人の幸福と健康を祈ったよ」。友の目から涙が止めどなくあふれた。

同8時過ぎ、列車がホームへ。停車時間は10分もない。SGI会長は列車から降《お》り、駆《か》け寄《よ》る友のもとへ。「さあ、〝座談会〟をしよう！」

〝一念《いちねん》に億劫《おくごう》の辛労《しんろう》を尽《つ》くす〟（御書790ジ《ペー》）ような祈りと励ましが、瞬間《しゅんかん》の出会いを、30年を超えて燃え続ける「希望の灯《ひ》」に変えた。ベルギーには今、青年が陸続《りくぞく》と育ち、同志の輪《わ》は当時の20倍に広がっている。

2014・3・4

ウルトラマンに込めた平和への思い

「ウルトラマンを創《つく》った男」として活躍した脚本家の故・金城哲夫《きんじょう》氏。先月、氏の生誕75周年祭が故郷の沖縄・南風原《はえばる》町で開かれた。

展示コーナーでひきつけられたのは、『帰ってきたウルトラマン』の第11話「毒ガス怪獣出現」の脚本。旧・日本軍が造《つく》った強力な毒ガスを食べた怪獣が、猛毒《もうどく》ガスをまき散らすという内容だ。

「戦争が終わっても残された武器によって災《わざわ》いが生まれてくる」と戦争の愚《ぐ》を訴える氏。沖縄戦を逃《に》げ惑《まど》い、母は片足を奪《うば》われた。そのつらい戦争体験から、作品の数々には平和への思いが込められているという。

今月13日から「核兵器なき世界への連帯」展が、恩納村《おんなそん》の沖縄研修道場で始まる。道場はかつて、中国に向けられた米軍の核ミサイル発射基地だった。〝人類が、戦争という愚《おろ》かなことをした証《あか》しとして永遠に残そう！〟――池田名誉会長の逆転の発想で、基地跡は「世界平和の碑《ひ》」に生まれ変わった。碑の誕生から、この春で30年。「碑」を前に、〝学会の平和運動は本物〟と実感する識者は少なくない。

地球上に、いまだ約1万7000発も存在するという核兵器。人類を脅《おびや》かす魔物《まもの》は一発たりとも残してはならない。永遠に残すべきは、〝武器は災いしか生まない〟という思想である。

2014・4・5

仏法は現実社会にそのまま脈動《みゃくどう》している

4月2日に入学式が行われた東京・八王子市の創価大学。らんまんと咲《さ》く桜《さくら》が、枝をしならせ、新入生を包《つつ》み込むように迎えていた。

他にも黄のレンギョウ、白のユキヤナギやコブシ、赤のツバキ、紅紫のミツバツツジなど、キャンパスは色とりどり。見掛《みか》けた植物の花言葉を調べてみると、精神美、希望、未来への期待、友愛《ゆうあい》……。新出発にふさわしい、明るい言葉が並んだ。

花言葉の文化は一説によれば、17世紀ごろのトルコが発祥《はっしょう》。自分の気持ちを花に託《たく》して贈《おく》る習慣があったという。それがヨーロッパ各地に広まり、明治期に日本まで伝わった。「花」を「心」の表《あらわ》れと見て、愛《め》でる思いに国境はない。

「白米一俵御書《はくまいいっぴょうごしょ》」に、法華経《ほけきょう》は「花こそ心よと申《もう》す法門《ほうもん》」（御書1597㌻）とある。「花」を世法《せほう》、「心」を仏法とし、仏法は現実社会にそのまま脈動《みゃくどう》しているとの御教示《ごきょうじ》である。信心は単なる精神修養《しゅうよう》ではない。現実の生活の中で人が成長し、充実を得るためにある。「仏法即《そく》社会」「信心即生活」である。

今月、たくさんの若い友が各地の学校・大学に入学する。イギリス等で、桜の花言葉の一つは「優《すぐ》れた教育」。勤行・唱題を生活のリズムとしながら、よく学び、よく鍛《きた》え、使命の花を満開に――と心から祈る。

2014・4・22

どんな苦境も負けじ魂《だましい》で朗《ほが》らかに転換

「善悪《ぜんあく》」「強弱」「勝敗」――反意語《はんいご》同士で熟語になると、良いとされるものが先にくる場合が多い。

一方、「貧富《ひんぷ》」「禍福《かふく》」のように、良いことが後に続く場合も。「禍福はあざなえる縄《なわ》の如《ごと》し」といえば、人の不幸も幸福も、わら束《たば》がより合っている縄のように、表《おもて》になったり裏《うら》になったりする意味だ。「禍」から「福」の語順には、災《わざわ》いを転じて福にしたいという、人間の太古《たいこ》からの切《せつ》なる希望が感じられる。

人類の教師といわれるソクラテスは、「幸福の核である『魂《たましい》の善《よ》さ』が備《そな》わっている場合にのみ、その土台の上に乗って、健康も名声も富も善きものとなる」と確信していた（岩田靖夫著『増補　ソクラテス』ちくま学芸文庫）。善き魂とは、仏教の言葉で言えば、仏性を開いた輝《かがや》ける生命となろう。

どんな苦境も、強い生命力の土台があれば、負けじ魂《だましい》で朗《ほが》らかに転換することができる。それは、絶対的幸福境涯《きょうがい》を目指しての、自分との戦いでもある。

池田ＳＧＩ会長指導選集「幸福と平和を創《つく》る智慧《ちえ》」が「大白蓮華《だいびゃくれんげ》」４月号から始まった。指針の一節に「幸福という実感も、人生の深き満足感も、自分自身の生命の中にある」と。幸福への案内は、ほかならぬ自《みずか》らが先導者であり、責任者である。

2014・4・29

「一人の庶民の声」が歴史を変える

ポーランド映画の巨匠・ワイダ監督から最新作「ワレサ　連帯の男」のDVDが池田SGI会長に届《とど》けられた。同作は東京・岩波ホールほか各地で上映中だ。今年は東欧《とうおう》革命25周年だが、口火《くちび》を切ったのは、同国の自主管理労組「連帯」の反政府運動だった。そのリーダーが、電気工《でんきこう》のワレサ氏である。SGI会長は1994年、大統領となった氏と会見した。「こんな率直《そっちょく》な言い方をする人も珍《めずら》しい」と後に会長が記《しる》したように、一国の元首となっても、人なつっこさは変わらない。スーツより作業着がよく似合った。

そんな庶民が、なぜ歴史を動かしたのか。「この力《ちから》は自分一人ではない、同じ考えを持ちながら、口にできない数百万の人たちの力」と信じていたからだ。そう監督自身が語っている（『ワレサは叫ぶ』学習研究社）。

だが、「思っている」のと、それを最初に「口にする」ことは決定的に違《ちが》う。特に、監視の目が張り巡《めぐ》らされた圧政下《あっせいか》では。ワレサ氏の最も優《すぐ》れた特性は「勇気」だった、と監督は言う。

庶民は歴史に翻弄《ほんろう》される存在であるとしても、時にその中から生まれた「一人の声」が歴史を変えることがある。この事実を学ぶことから、個人の変革を通した社会の変革――「人間革命」への希望が輝《かがや》き始める。

2014・5・30

友好をつくる根本は対話　人間の心の触れ合いを

香港・九竜《カオルン》から乗った列車を国境の羅湖《ローウー》駅で降《お》り、通関を済《す》ませると、鉄橋を徒歩で深圳《しんせん》駅まで渡る。これが、池田名誉会長の中国への第一歩だった。40年前のきょうの出来事である。

深圳で名誉会長一行を出迎えたのは、中日友好協会などの3人の若い随行員《ずいこういん》たち。中国の旅は、青年と触《ふ》れ合うことから始まった。民間交流、とりわけ青年・学生交流こそ訪中の最大の目的であると、名誉会長は羽田空港をたつ際に明言《めいげん》していた。

日々、報道される政治・外交の動きなどは「表面に浮游《ふゆう》している」もの。本当に歴史をつくるのは「水底《みなそこ》のゆるやかな動き」――そう歴史学者のトインビー博士は論じる（深瀬基寛訳『試練に立つ文明』現代教養文庫）。名誉会長の訪中直前、「日本のため、中国のため、全世界の人々のために大きな意味を持っている」と期待を寄せた。

初訪中40年を迎えた今月、池田思想研究に取り組む若い研究者が来日し、学会青年部の交流団が訪中。中国国家京劇院《きょうげきいん》の民音公演に、各地で喝采《かっさい》が続く。名誉会長の開いた青年・民衆交流の果実である。

日中間の問題が毎日、報じられるが、だからこそ、友好をつくる根本は対話であり、人間の心の触れ合いであることに目を向けたい。学会は永遠に、この平和の王道を進む。

2014・5・31

アメリカ創価大学10期生が　貢献的《こうけんてき》人生へ羽ばたく

アメリカ創価大学（ＳＵＡ）の卒業式で、10期生の俊英《しゅんえい》93人が学舎から羽ばたいた。記念講演を行《おこな》った、ノーベル経済学賞受賞者のアマルティア・セン博士は、欧州から駆《か》け付けた。

式典の冒頭、創立者・池田名誉会長のメッセージが読み上げられる。一言《ひとこと》も聞き漏《も》らすまいと真剣な表情の卒業生。その光景を見ていたセン博士が、講演原稿を広げ、ペンを走らせ始めた。

博士は「直前まで原稿に手を入れておりました」と前置きして講演を。創立者の平和の理念を体現《たいげん》する諸君こそ、「公共的理性《こうきょうてきりせい》」を磨《みが》き、公正《こうせい》な世界を実現する〝希望の存在〟にと念願した。スピーチの後も、講演の記録について「加えたい内容があるので、最終版はもう1日待ってもらいたい」と。翌日、送られてきた原稿には、創立者への共感とSUAへの期待が、さらに書き加えられていた。

卒業生は国籍、民族、宗教も多様。米国の名門大学院に進む一人は「SUAに来て初めて創立者を知りました」と言う。「創立者の示す〝貢献的人生《こうけんてきじんせい》〟。その生き方を目指《めざ》す友に恵《めぐ》まれたことが一番の喜びです」

卒業生が20期、30期となったとき、どれほどSUA卒業生の活躍の舞台が広がっていることか。カリフォルニアの太陽が、輝《かがや》く未来を象徴《しょうちょう》していた。

2014・6・19

日中友好の使者——東西の創価小学校と北京《ペキン》小学校との交流絵画展

今月の本部幹部会では、中国・周恩来《しゅうおんらい》総理の夫人である鄧穎超《とうえいちょう》女史について語った池田名誉会長のスピーチが紹介された。鄧夫人自身は子に恵《めぐ》まれなかったが、青少年をわが子のように励まし続けた。

「第一実験小学校で教師を務《つと》めていたことを光栄に思い、困難な革命戦争の時も忘れたことはありません」。逝去《せいきょ》4カ月前の1992年3月、夫人は、かつて教えていた北京《ペキン》第一実験小学校に手紙を送った。教職を去っても児童への慈愛《じあい》は変わらない。「私は車で前を通るたび、いつもカーテンを開けて、一目でもと学校を見つめています」（『鄧穎超書信選集』）

「鄧おばあちゃんと小さな使者」との記事が中国紙に載《の》ったのは90年9月。夫人と名誉会長の友誼《ゆうぎ》のもと、同小学校の児童が日本の創価小学校と交流する予定があり、訪日前の児童を夫人が激励したというニュースである。

自《みずか》ら日本の礼儀作法を教え、「中日友好の発展は、両国の未来だけでなく、世界平和のためにとても大切なのですよ」と〝小さな使者〟を送り出した。

東西の創価小学校で今年も、北京小学校との交流絵画展が行われた。「この絵を描いた中国の友達に会いたい」と語る児童。「人民の母」の真心《まごころ》は、時を超え国境を超えて、若い命を潤《うるお》している。

2014・6・23

6月23日は「沖縄慰霊《いれい》の日」戦争の悲惨《ひさん》さを〝伝え続ける〟大切さ

沖縄に10万人以上の日本軍が配備《はいび》され、米軍との戦闘準備が開始されたのは1944年（昭和19年）。今年で70年になる。

沖縄県平和祈念《きねん》資料館では、「沖縄戦への道――70年前、その時、何が……」の企画展が開催され、住民を巻き込む戦争への準備の様子が紹介されている。

「写真や展示物は、とても残酷《ざんこく》でした。いい平和な国になりたいので、残酷でも見ないといけないと思います」。これは、展示を見た小学生のアンケート。風化《ふうか》が叫《さけ》ばれる中で、〝伝え続ける〟ことの大切さを、あらためて感じた。

　昨年、「沖縄戦トラウマ研究会」は、沖縄戦体験者の約4割が、不眠などを引き起こす心的外傷後《しんてきがいしょうご》ストレス障害（ＰＴＳＤ）を発症《はっしょう》するリスクを抱《かか》えている、と伝えた。今なお、つらい思いを引きずったまま暮《く》らす体験者がいる。

　それでも、自身が味わった悲惨《ひさん》さを語り続ける人もいる。これまで、当たり前のように聞いた戦争体験。だが、思い出したくないことをあえて思い出し、語り継《つ》いでくれたことを、深く心に刻《きざ》まねばならない。

　きょう6月23日は「沖縄慰霊《いれい》の日」。「平和の礎《いしじ》」には、今年も54人の戦没者《せんぼっしゃ》の名前が、新たに刻まれた。体験者に学び、伝え続けていくことが、今を生きる私たちの使命である。

2014・7・5

広島と長崎　平和の心を結《むす》ぶバラ

「中国新聞の寄稿《きこう》（4月2日付）で、池田名誉会長が、永井隆博士のバラについて書いてくださったのを読み、感銘《かんめい》しました」。先日、広島のある婦人部員が、地元の名士から、思いがけず、丁寧《ていねい》な口調《くちょう》でこう言われた。

永井博士とは、自《みずか》ら被爆《ひばく》しながら被爆者の治療に当たった長崎医科大学の医師。戦後、平和の願いを込め、広島にバラを贈《おく》った。名誉会長がつづったのは、寄贈《きぞう》から65年を経《へ》た今も、長崎のバラが広島で大切にされているという、両被爆地を結《むす》ぶ尊《とうと》いドラマだった。

名士と語らう中で、実《じつ》はその方《かた》がバラの保存活動に長年、携《たずさ》わってきたことが分かり、婦人部員はさらにびっくり。「池田先生の寄稿によって、平和を目指《めざ》して行動する心と心が結ばれました」と声を弾《はず》ませた。

いかに平和を築くか。小説『新・人間革命』第5巻「開道《かいどう》」の章で、東西冷《れい》戦下《せんか》、山本伸一が語るシーンがある。「みんな同じ人間じゃないか。そして、人間である限《かぎ》り、誰でも、必《かなら》ず平和を願う心があるはずだ。その心に、語りかけ、呼《よ》び覚《さ》ましていくことだよ」

相手をよく知り、誠実《せいじつ》と尊敬の心で、心に語りかける。それこそ、名誉会長が貫《つらぬ》いてきた人間外交の真髄《しんずい》だ。私たちも真心の対話で平和の心を薫発《くんぱつ》し、花開かせていきたい。

2014・8・6

広島の声に耳を傾《かたむ》けよ　人間性を心にとどめよ

広島に原爆を投下した爆撃機《ばくげきき》「エノラ・ゲイ」の乗組員は、先月のバンカーク氏の死去に伴《ともな》い、全員が世を去った。いや応《おう》なき時の流れだ。彼らの受けた命令は、目標地点に爆弾「リトルボーイ」を投下すること。69年前のきょう、作戦は実行された。戦後の彼らは、自身の行為を正当化し、謝罪を拒《こば》んだ。

一方、原爆開発の「マンハッタン計画」に携《たずさ》わる科学者の任務は爆弾の製造。ただ一人、計画から離脱《りだつ》したロートブラット博士は、他の同僚が計画に参加し続けた最大の理由を、「純粋《じゅんすい》で単純《たんじゅん》な『科学的好奇心《こうきしん》』」と、池田SGI会長に語った。

巨大プロジェクトの局面《きょくめん》、局面で、当事者は職業的使命を遂行《すいこう》した。その結果、広島・長崎の20万を超える人々が殺された。だから、同博士も署名《しょめい》した「ラッセル・アインシュタイン宣言」は訴える。「あなたがたの人間性を心にとどめ、そしてその他のことを忘《わす》れよ」と。

軍人である前に、科学者である前に、政治家である前に、あるいは記者である前に、「人間」であること。回《まわ》り道のようだが、この根本からの思考なくして、絡《から》み合った核をめぐる軍事外交ゲームの糸を解《と》きほぐすことはできない。

そのためにきょう一日、静かに広島の声に耳を傾《かたむ》けたい。深く心にとどめ置くために。

2014・8・9

ナガサキを忘《わす》れることは〝人の死〟に鈍感《どんかん》になること

きょうは、長崎の原爆忌《げんばくき》。市内に住む81歳の壮年は69年前、爆心から1・2キ《キ》ロ《ロ》地点で被爆《ひばく》した。当時、小学6年生。瀕死《ひんし》のやけどを負《お》い、約250人いた同級生の多くが犠牲《ぎせい》に。翌年の卒業式に集《つど》った児童は、わずか14人だった。

その後、2人の姉も後遺症《こういしょう》で世を去った。いわれなき偏見《へんけん》・差別《さべつ》と戦い、壮年は〝あの日〟の記憶を風化《ふうか》させず、懸命《けんめい》に語り続けてきた。「ナガサキを忘《わす》れることは、〝人の死〟に鈍感《どんかん》になること。忘却《ぼうきゃく》は罪です。だから語って語って語り抜きます」

これまで長崎や広島で、数々の平和行事を取材してきた。記者である前に一人の人間として、いつも心を揺《ゆ》さぶられるのは当事者の証言だ。だが、時は待ってくれない。直近《ちょっきん》のデータで、被爆者の平均年齢は79・44歳（厚生労働省）。今や日本人の79・5％が戦後生まれとなった（総務省調べ）。

証言を受け継《つ》ぐ運動を、加速させねばならない。先ごろ、創価学会広島平和委員会が被爆証言集『男たちのヒロシマ』（第三文明社）を発刊。同長崎平和委員会も、新たな「被爆証言集」刊行の準備に入った。

戦争の実態を知らなければ、平和の主張も、空理空論《くうりくうろん》になりかねない。徹底して、長崎と向き合い、広島と向き合うべきだ。核なき未来は、ここから開かれる。

2014・8・10

恒久《こうきゅう》平和の思いを込めた「長岡の花火」

近刊の『こども歳時記《さいじき》　母と子で読むにっぽんの四季』（第三文明社）を手にした。本紙18年の連載をもとに、「夏」編から刊行された。今後、秋、冬、春と続くという。

折々《おりおり》の風物詩《ふうぶつし》をテーマに、安井康二さんの愛らしい童画と、橋出《はしで》たよりさんによる、子ども目線のエッセーが光る。「花火たいかい」では、「わくわくするのに／なんだかちょっとさびしいきもち」と、子どもの繊細《せんさい》な心がつづられる。

童心《どうしん》のままに生き、絵を描いた画家・山下清の代表作の一つに、貼《は》り絵「長岡の花火」がある。七つの大小の花火を見上げる群衆《ぐんしゅう》が、精緻《せいち》に表現された傑作《けっさく》である。新潟・長岡の花火大会は、135年前にその起源があるそうだが、戦後は、戦争被害者の慰霊《いれい》、恒久《こうきゅう》平和の思いを込めて打ち上げられてきた。そして2005年以来、中越地震からの復興を願う「フェニックス」（不死鳥《ふしちょう》）と名づけられた花火が、夜空を彩《いろど》るようになった。

花火が好きだった山下画伯《がはく》は言った。「世界中の爆弾を花火に変えて打ち上げたら、世界から戦争がなくなるのにな」（映画「この空の花―長岡花火物語」）

この夏、親子で花火を楽しむ機会があれば、平和への思いを一夜の大輪《たいりん》に寄《よ》せて、子どもの素直《すなお》な心に語ってみてはどうだろう。

2014・8・15

「私の戦争体験を次の世代につなげてください。そのときが私自身の終戦日です」

都内の大学祭に足を運《はこ》んだ時のこと。沖縄から戦争体験者を招《まね》き、「ありったけの地獄」といわれた沖縄戦の実態を伝えていた。テーマは「継生《けいしょう》」。「継承《けいしょう》」の間違《まちが》いかと思いきや、戦争を知らない学生たちが、戦争体験を「継《つ》いで」「生きる」との強い思いを込めてつくった言葉だった。

昨年8月の沖縄取材を思い出した。15歳の時に沖縄戦を体験した婦人が、未来部員5人に戦争体験を語った。沖縄戦等で犠牲《ぎせい》になった24万人以上の名前が刻《きざ》まれた「平和の礎《いしじ》」でのこと。婦人は2人の名前を手で触《さわ》った瞬間、「ごめんね」

と泣き崩《くず》れた。戦火を免《まぬか》れるために故郷を離《はな》れる際、防空壕《ぼうくうごう》に残した親戚《しんせき》の姉妹の名前だった。

ぼうぜんと立ち尽《つ》くす5人に、婦人は静かに訴えた。「誰一人、死にたくて死んだわけではありません」「ここに刻まれた方々の〝声なき声〟を、全世界の人に伝える使命があるから、私は生きているのです」「皆さんが私の戦争体験を受け継ぎ、次の世代につなげてください。そのときが私自身の終戦日です」

婦人の体験を聞いた未来部員は「沖縄の根底からの叫《さけ》びを聞いた」と語った。

戦争を追体験することが、一人一人の心に「平和の砦《とりで》」を築く。69回目の「終戦の日」――自《みずか》らが「継生」の人でありたいと思う。

2014・8・16

北海道・厚田《あつた》――読み聞かせ運動に貫《つらぬ》かれた師弟の心

北海道石狩《いしかり》市の厚田《あつた》区で、約30年間、婦人部員らが「読み聞かせ運動」を行《おこな》っている。彼女たちに今年、市から「教育功労章《こうろうしょう》」が贈《おく》られた。

同区には昔から書店がない。学校以外には図書館もなかった。子どもたちの良書との出合《であ》いを応援しようと、ボランティアで活動を開始。今も毎週、地元の小学校で読み聞かせをしている。

この活動が始まった理由が、もう一つある。1954年（昭和29年）8月、池田名誉会長が戸田第2代会長と共《とも》に北海道を初訪問した時のこと。厚田の小・中学校の校長から図書が不足していると聞いた戸田会長は、その場で贈書《ぞうしょ》を約束。名誉会長の手配《てはい》により、わずか帰京10日後に寄贈《きぞう》された。贈られた書籍を収《おさ》めた本棚《ほんだな》は「戸田文庫」と命名《めいめい》され、子どもたちに親《した》しまれた。

戸田文庫の本を読んで育った子どもたちは、やがて親になった。その中に先の婦人部員がいた。戸田文庫に感謝《かんしゃ》を込めて始めたのが、先の読み聞かせ運動だった。「今回の表彰も、戸田文庫あったればこそ」と語った。

厚田は、戸田会長の故郷である。名誉会長も「第二の故郷」との思いで、さまざまな地域貢献の行動を続けてきた。良き書は良き心を育《はぐく》む。その源《みなもと》には、60年にわたって貫《つらぬ》かれてきた、深い師弟の心がある。

2014・8・27

〝いつしか友の幸福を思い世界平和を願える自分になっていた〟

核時代平和財団などが推進する「Nuclear Zero（核兵器廃絶《はいぜつ》）」キャンペーンの呼《よ》び掛《か》けに応《こた》え、青年部が核廃絶の署名《しょめい》運動に取り組んでいる。

ある男子部員と一緒に勤行した時のこと。心ゆくまで唱題し、御祈念文に入った。男子部員がめくった経本の一ページ。「世界の平和と一切衆生の幸福のために」の一文に、太く赤い線が引かれていた。

傍線《ぼうせん》の理由を聞くと、「以前は自分のことを考えるだけで精いっぱいでした。でも、学会活動を通して、世界の平和を心から願える自分になっていた。その感《かん》謝《しゃ》を忘《わす》れないように」と、彼が言う。職場の同僚に核廃絶の意義を語ったところ、快《こころよ》く署名に応《おう》じてくれた、と笑顔を見せた。

「何を祈っているかが、その人の境涯《きょうがい》」という池田名誉会長の言葉を思い起こす。個人的な悩《なや》みの解決を祈っていた自分が、いつしか友の幸福を思い、社会の安穏《あんのん》を願うようになる。一青年の変化に、尊《とうと》い「人間革命」の実証を見る思いがした。

署名を呼び掛けた、核時代平和財団のデイビッド・クリーガー会長は、学会青年部こそ「世界平和の最大の希望」と期待を寄《よ》せる。自《みずか》らがエゴの壁《かべ》を破る生命変革に挑戦し、胸中《きょうちゅう》に確かな平和のとりでを築く青年の連帯を、さらに広げていきたい。

2014・9・3

非暴力の勇者の前進が　平和への道を開く

パレスチナのガザをめぐる戦闘で、イスラエルとイスラム原理主義組織ハマスの間にようやく長期停戦《ていせん》が合意《ごうい》された。だが戦闘の間、イスラエル側で70人、パレスチナ側では2100人以上の命が奪《うば》われた。断《た》ち切れない報復《ほうふく》の連鎖《れんさ》。中東和平は、世界で最も困難な課題の一つだ。

その難問に挑《いど》み続けるパレスチナ人医師がいる。彼の名はイゼルディン・アブエライシュ。生まれ育ったガザの難民キャンプの劣悪《れつあく》な環境にも屈《くっ》せず、苦学して医師となり、パレスチナ人とイスラエル人双方《そうほう》を救ってきた。

5年前のイスラエル軍の攻撃で、彼は3人の娘とめいを失《うしな》う。それでも報復《ほうふく》を求めなかった。「わたしたちに必要なのは互《たが》いへの尊敬であり、憎《にく》しみを拒絶《きょぜつ》する内的な強さである。そうなって初めて平和は達成されるだろう」(『それでも、私は憎まない』高月園子訳、亜紀書房)

今回の戦闘でも彼は、暴力で事態は変えられない、人間の精神を変えなければ、と声を上げる。〝目には目を〟を拒《こば》み、子らを奪《うば》われてなお、「精神の変革」の道を行く彼に、真実の強さを見る。

「非暴力の勇気」に立ち、民衆の善性《ぜんせい》へ呼《よ》び掛《か》ける勇者の前進の後に、平和への道は開かれる。「広宣流布」とは即《そく》「世界平和」。その覚悟《かくご》を、自《みず》らに問いたい。

2014・9・20

欧州の友が　不戦《ふせん》への決意を託《たく》した千羽鶴《せんばづる》

ＳＧＩ青年平和大会などに参加するため、海外15カ国の同志が今月7日に広島を訪《おとず》れた折《おり》のこと。少年少女部の歓迎合唱に応《こた》えて、欧州からの参加者が7束《たば》の千羽鶴《せんばづる》を手渡した。

第1次世界大戦の勃発《ぼっぱつ》から100年の本年。その主戦場となった欧州の友が、平和のシンボルとして千羽鶴を作り、広島を訪れるメンバーに託《たく》したのだ。皆、鶴を折るのは初めての経験。インターネットなどで作り方を学んだという。試行《しこう》錯誤《さくご》の末に完成した真心《まごころ》の結晶《けっしょう》だ。

広島への参加者の中には、東欧クロアチアの女子部員もいた。彼女も、折り鶴の一羽一羽に不戦《ふせん》への強い決意を託した。10代のころ、同国で内戦が起こり、友人たちが犠牲《ぎせい》になった経験を持つ。

その後、彼女は入会。当時、同国のメンバーは一握《ひとにぎ》りだったが、昨年、SGIの支部が結成された。戦渦《せんか》を乗り越えた国土《こくど》に今、仏法の人間主義の花が開き始めている。

「平和」とは「一人を大切にする心」に帰着《きちゃく》する。その心を表《あらわ》す行動が、平和への確かな一歩となる。大会に寄《よ》せたメッセージで、池田SGI会長は呼《よ》び掛《か》けた。〝人間を信じて対話を重《かさ》ねていく。迂遠《うえん》のようであっても、これほど確かな、平和への王道はない〟と。きょうも、自分にできる「一歩」を進めたい。

2014・10・3

ガンジーの祈り——目覚《めざ》めた使命に生きる

10月2日は、国連が定《さだ》める「国際非暴力デー」だった。1869年のこの日、非暴力を貫《つらぬ》いたインド独立の父マハトマ・ガンジーが誕生したことにちなむ。

彼は、独立運動の同志と共《とも》に、朝夕の2度、祈りをささげるのが常《つね》だった。その際、彼が唱《とな》えていた祈りの言葉をまとめた冊子《さっし》がある。今月、「法華経——平和と共生《きょうせい》のメッセージ」展（北海道展）で初公開される。

冊子には、インドのタミル文字など、二つの文字で、「南無妙法蓮華経《なんみょうほうれんげきょう》」と3回ずつ音写《おんしゃ》されている。ガンジーが南無妙法蓮華経の題目を祈りに取り入れていた――このことは、彼と交友《こうゆう》を結《むす》んだ父をもつロケッシュ・チャンドラ氏（インド文化国際アカデミー理事長）も述べているが、それを示す資料として注目を集めている。

ガンジーは、「祈り」についてどう考えていたか。冊子には、彼の言葉が記《しる》されている。「祈りに参加する人々が、これを単なる趣味だと思わないことを願う」「（祈る者は）託《たく》された使命を成《な》し遂《と》げようとする者である」

座《ざ》して瞑想《めいそう》するだけではない。祈りを通じ、わが人生の使命に目覚《めざ》め、現実変革への行動に生きる――その考え方はまさに、法華経に脈打《みゃくう》つ精神と響《ひび》き合う。

〝祈りは人間を偉大にする〟との励ましのメッセージである。

2014・10・10

192カ国・地域に翻《ひるがえ》る〝大誓願《だいせいがん》の旗《はた》〟

50年前の1964年10月10日、東京五輪の開会式。秋晴れの国立競技場には、過去最多となる94カ国・地域の旗が掲《かか》げられた。

ひときわ誇《ほこ》らしく翻《ひるがえ》ったのは、戦後、植民地からの独立を遂《と》げたアフリカ諸国の新国旗。さらに2週間後の閉会式では、この日、独立を果たしたザンビアの選手たちが真新《まあたら》しい旗を手に行進した。

半世紀前の五輪は、戦後の〝新たな世界の到来《とうらい》〟を告《つ》げる祭典ともなった。その後も新しい国々が生まれ、一昨年のロンドン五輪には204カ国・地域が参加した。６年後の東京五輪では、いくつの旗を迎えるだろうか。

国旗のない国はない。そして各国の旗には、それぞれ深い意味が込められている。一つの旗を掲げ、力《ちから》を合わせて良い国をつくろうと願う心は、万国《ばんこく》共通だ。

日蓮大聖人は、仏法の深義《じんぎ》と人類救済の大願《だいがん》を込め、「法華弘通《ほっけぐつう》のはた（旌）じるし」（御書1243ページ）として御本尊を顕《あらわ》された。広宣流布の旗を高々《たかだか》と掲げ、険難《けんなん》の峰《みね》を越え、世界平和への連帯を広げてきたのが、創価の三代の会長だ。

幾《いく》百万の民衆が続き、一人から一人へと手渡された〝大誓願《だいせいがん》の旗〟は今、192カ国・地域に翻る。同じ旗の下《もと》、日夜奮闘《ふんとう》する同志が世界中にいると思うと、胸が躍《おど》る。創立の月へ、心晴れやかに進みたい。

2014・11・27

民衆の勇気の行動に　打ち破れない壁《かべ》はない

世界を分断《ぶんだん》したベルリンの壁《かべ》が崩壊《ほうかい》し、今月で25年。先日、記念式典でドイツのメルケル首相が語った。「変革を求める市民の勇気がなければ、ベルリンの壁《かべ》が崩壊《ほうかい》することはなかった」

「市民」の中心は若者だった。ある時、旧東ドイツのライプチヒで、宗派を超えて「平和の祈り」をささげた後、民主化を訴える行進をするようになる。回を重《かさ》ねるたびに参加者は増え、7万人に拡大した。

彼らの合言葉《あいことば》は「われわれこそが人民だ」。人間として人間の権利を堂々と訴える――それは、冷戦下の共産圏では特別なことだった。市民は平和的な対話を呼《よ》び掛《か》け、治安《ちあん》部隊との衝突《しょうとつ》を回避《かいひ》。非暴力の無血《むけつ》革命は〝ライプチヒの奇跡《きせき》〟ともいわれた。

〝21世紀も22世紀も残るだろう〟とされた壁は、冷戦の象徴《しょうちょう》であり〝越えられないもの〟〝変えられないもの〟の象徴であった。それは、人の心にも築かれていたといえる。無力感《むりょくかん》の壁が崩《くず》れたこと自体《じたい》に、意義がある。

「信仰の要諦《ようてい》も　一念の転換にあり／歴戦の騎士《きし》の勲功《いさおし》の矢《や》のごとく／鍛《きた》え抜《ぬ》かれた一念の力《ちから》／それが　すべてを変えるのだ」。池田SGI会長が統一後のドイツを初訪問した際、友に贈《おく》った長編詩の一節である。民衆の勇気ある行動が結集するとき、打ち破れない壁《かべ》はない。

2014・12・24

一人の人間が本当に決意すれば社会を　世界を変えていける

「3人の平和指導者は、一人の人間が本当に決意すれば、社会を、世界を変えていけることを訴えています」。インド・ニューデリーのマウントフォート学園で今月初め、「ガンジー・キング・イケダ――平和建設の遺産《いさん》」展が開かれた。

会場では、展示内容を学んだ同学園の生徒たちがパネル横に立ち、来場者に熱心に説明した。事前の学習会にはボランティアとして80人の生徒が参加してくれたという。暴力を前にただ立ちすくんでいるだけではいけない、との若者たちの心が尊《とうと》い。

マハトマ・ガンジーは、一つの夢を抱《いだ》いていた。それは、紛争を阻止《そし》し、和解を進めていく「平和部隊」を各地に結成するというもの。これからの時代に必要なのは、非暴力という信念を堅持《けんじ》し、全《すべ》ての宗教を尊敬し、慈愛《じあい》と誠実《せいじつ》をもって人々に奉仕《ほうし》していく「平和部隊」であると。

「真の非暴力は、真の勇気なくしては不可能である」とガンジーは言う（『私にとっての宗教』新評論）。どこまでも対話を手放《てばな》さない勇気。相手の善性《ぜんせい》を信じ抜く勇気である。

憎悪《ぞうお》の連鎖《れんさ》を断《た》ち切り、差別《さべつ》や貧困《ひんこん》のない世界のために、わが身をささげたガンジーとキング博士。その未完《みかん》の夢の実現へ、池田SGI会長と共《とも》に進む、私たち創価の友に託《たく》された使命は限《かぎ》りなく大きい。

（池田名誉会長撮影。1997年2月、沖縄）

第5章　使命に生きる

2014・1・5

創価高校書道部
天馬《てんま》のごとく翔《か》けぬけて　希望の風を舞《ま》い起こそう

今年のえとは「甲午《きのえうま》」。日本では、えとを意識する機会は正月くらいになったが、中国の殷代《いんだい》に既《すで》にみられるこの風習は、アジアのほか、現代のロシアにも普《ふ》及《きゅう》しているという。

今年の十二支《じゅうにし》に配される動物は「馬」で、頂《いただ》いた賀状《がじょう》にも、駆《か》ける姿を描いた、躍動感《やくどうかん》のあるものが多かった。創価高校の書道部が1日朝のNHKテレビに生出演し、描いたのは、馬の絵と「天馬《てんま》のごとく翔《か》けぬけて　希望の風を舞《ま》い起こそう」の文字。はつらつとした学園生の姿に、スタートダッシュの活力《かつりょく》をもらった視聴者《しちょうしゃ》も多かったことだろう。

人馬の付き合いは古く、その歴史は3000年とも5000年とも。釈尊《しゃくそん》にも「カンタカ」という愛馬《あいば》がいたとの伝承《でんしょう》がある。従順《じゅうじゅん》で働《はたら》き者の馬は、多くの古典・物語で好意的《こういてき》に描かれてきた。御書でも同様だ。

白馬のいななきで力《ちから》を得る輪陀王《りんだおう》の故事《こじ》を引かれ、「白馬のなくは我等《われら》が南無《なん》妙法蓮華経《みょうほうれんげきょう》のこえなり」（1065ジペー）と。朗々《ろうろう》たる唱題で生命力をみなぎらせるよう、教えておられる。

立正安国論《りっしょうあんこくろん》には「蒼蠅驥尾《そうようきび》に附《ふ》して万里《ばんり》を渡《わた》り」（26ジペー）とある。名馬の尾につかまれば蠅《はえ》も万里を行くように、学会とともに、世界広布の誓願《せいがん》とともに、無限の向上の人生を進んでいきたい。

2014・1・12

通信員制度発足《ほっそく》60周年——同志の雄姿《ゆうし》を書き残す

英単語のつづりに、「なるほど」と感心する時がある。例えば、「雨」と「弓」は英語で「RAIN《レイン》」と「BOW《ボウ》」だが、それらをつなぐと「RAINBOW《レインボウ》」（虹《にじ》）になる。

虹が人の心を打つのは、七色の鮮《あざ》やかさや、空に架《か》かった弧《こ》の幾何学的《きかがくてき》な美しさもあるが、「雨のち晴れ」に現れる、そのタイミングと無関係ではあるまい。空模様《そらもよう》に心模様を重《かさ》ねるからだろう。

ある東北の婦人部員は幼少、やけどで利《き》き手の指3本を失《うしな》った。家族の愛情、同志の励ましに包《つつ》まれ、女子部のリーダーとなった彼女は、本紙通信員にもなりたいと思った。〝同志の活躍を私の手で書き残し、恩返《おんがえ》しがしたい〟。念願かない、晴れて通信員に。後年、２度のがんや脳腫瘍《のうしゅよう》と闘《たたか》った。その時も、〝元気になって、再《ふたた》び同志の雄姿《ゆうし》を書く〟との使命感が彼女を支《ささ》えた。通信員歴30年を超えた今も健筆《けんぴつ》を振《ふ》るう。

雨上がりなどに、陽光《ようこう》に輝《かがや》く大気中の水滴《すいてき》が、空に虹を架《か》ける。試練《しれん》を信心で勝ち越えた同志の、感動の軌跡《きせき》を描いた通信員たちの記事に、読者は涙《なみだ》し、心に希望の虹を描いてきた。

今月は、通信員制度発足《ほっそく》60周年。本部幹部会には「全国通信員大会」の意義も込められた。各地で活躍する通信員の友に、心からの感謝《かんしゃ》をささげたい。

2014・2・5

会館を守り　学会員を守る――牙城会《がじょうかい》の尊《とうと》き使命

「フクロウ」と「鍵《かぎ》」。これは日本の大手警備会社が社章に用《もち》いた警備の象徴《しょうちょう》だ。夜行性《やこうせい》の鳥であるフクロウのマークの上にはラテン語で「万人《ばんにん》眠れるとき、われら警備す」と。創業者の信念は「犯罪、火災等の災害を未然《みぜん》に防《ふせ》ぐ」ことだった。

「安全」を意味する英語「security《セキュリティー》」は「se」（～なしに）と「cura」（心配）からなるラテン語「securus」が語源。心配をなくし、事故を未然に防ぐのが「警備」であり、その本質は、人の見ていないところで努力を重ね《かさ》ることにある。

今月１日、学会の会館警備にあたる牙城会《がじょうかい》が結成43周年を迎えた。大阪の藤井寺文化会館では無遅刻９０００日を記録。25年間にわたり厳護《げんご》の魂《たましい》を貫《つらぬ》く。雨の日も厳寒《げんかん》の夜も、懸命《けんめい》に使命を果たす友の姿が心に浮《う》かぶ。

かつて池田名誉会長は牙城会の友と学会本部周辺を見回《みまわ》り、点検の仕方や心構えを教え、用心こそ勝利の肝要《かんよう》と語った。そして「『牙城会』には、本部、会館を、学会員を厳然《げんぜん》と守る使命がある。それは、私と同じ使命だよ」と。

「用心」は「要心」とも書く。人が見ていようがいまいが、師と心を合わせ、無事故に心を砕《くだ》き、人に心を尽《つ》くす。その心を「要《かなめ》」とする陰《かげ》の人がいてこそ、創価の運動は進む。

2014・2・26

「人のため」との志《こころざし》は 些細《ささい》な行動に表《あらわ》れる

北海道の広大な十勝《とかち》平野を活動の舞台とする十勝県男子部の有志は、自家用車に大きな砂袋《すなぶくろ》を常備《じょうび》している。

友の激励に向かう道中など、時々、車を止めては砂袋を持って外へ出る。〝ここは危険だ〟と、凍結路面《とうけつろめん》状態の交差点や歩道に、手際《てぎわ》よく砂をまく。

凍結路面では、車の衝突《しょうとつ》や歩行者の転倒が後《あと》を絶《た》たない。だが、彼らの行くところ、危険な路面が次々と安全な状態になる。こうした活動を始めて10年。彼らが語っていた。「2、3分でできるボランティアです。たいしたことではありません」

今月、没後《ぼつご》450年を迎えたルネサンスの巨匠ミケランジェロは、誰も気付かないような作品細部《さいぶ》の調整に徹《てっ》する人だった。「細《こま》かい修正など取るに足《た》りない問題かもしれません。しかし、そのようなことが積み重《かさ》なって美は完成します」「どんなにささいな問題でも重要な意味を持つのです」と言ったという（サミュエル・スマイルズ著『自助論』三笠書房）。

砂まきも、些細《ささい》なことかもしれない。だが「人のため」との志《こころざし》があるか否《いな》かは、その些細な行動にこそ表《あらわ》れる。10分、時間があればあの友の家に寄《よ》れる。3分あれば、一本の電話ができる。そんな小さな努力が、希望を広げ、ひいては安心の社会を築いていく。

2014・3・22

「君が笑顔でいることを喜んでくれる人が、必《かなら》ずいる」

東京・信濃町も日一日と春めき、広宣流布大誓堂《こうせんるふだいせいどう》に集《つど》う友の足取りも、はずんで見える。誓《ちか》いを胸に訪《おとず》れる同志に、さわやかに応対するのが青年部の運営役員。彼らにとっても、一回一回の任務が、唱題と仏法対話の挑戦を経《へ》て迎える誓願《せいがん》の機会だ。

創価班として任務に就《つ》く、ある男子部員。彼は生後まもなく乳児院に入った。一度は親類に引き取られるが、冷たい仕打ちにあう。〝自分なんか生きてちゃいけないんだ〟。心は悲しみで凍《こお》った。

児童養護《ようご》施設で生活する彼を、ある縁《えん》で知り合った学会員が励まし続けた。「君が笑顔でいることを喜んでくれる人が、必《かなら》ずいる。希望を捨てちゃいけない」。高校を卒業し、彼は学会に入会する。活動に励み、学会の素晴らしさを分かち合いたいと、9人に弘教《ぐきょう》を実《みの》らせた。

信濃町で任務中のある日、婦人部員に声を掛《か》けられた。「あなたは幸せそうね。ずっとご両親に愛されてきたのでしょうね」。何と答えればいいか分からなかったが、〝勝利の人生を歩《あゆ》んでいる〟と確信した瞬間《しゅんかん》だった。

一人も漏《も》れなく団結の輪《わ》の中へ――この同志の絆《きずな》を、私たちは誇《ほこ》りを込めて「創価家族」と呼《よ》ぶ。それを誰よりも知る彼。青いブレザー姿でさっそうと、きょうも皆の安心に全力を尽《つ》くす。

2014・4・1

創価学会は「校舎《こうしゃ》なき総合大学」

友人の教育関係者に勧《すす》められて大阪府内の「夜間中学校」を訪《おとず》れた。就学《しゅうがく》年齢の時に、戦争や貧困《ひんこん》など、さまざまな事情で勉強できなかった人に、義務教育を保障するためにできた学校だ。全国に35校、大阪には11校ある。

訪れた学校では、125人が7クラスに分かれ、国語や社会や理科を学んでいた。文字の読み書きは苦手だが、人生経験豊《ゆた》かな「生徒」さんたち。地元の歴史や地理は、「先生」より詳《くわ》しく、どちらが先生か分からないことも、しばしばあった。

振《ふ》り仮名《がな》を振《ふ》った手作りプリントで、芥川龍之介《あくたがわりゅうのすけ》の「蜘蛛《くも》の糸」を学ぶ。私語・しわぶき一つない国語の授業。「学ぶことの原点」を見た思いがした。アフガニスタンやパキスタンなどの教育関係者が見学に訪れる。識字《しきじ》について、ユネスコとの意見交換も行う。世界にもつながっている。

感動を、なにげなく教育本部のメンバーに伝えてみて、驚《おどろ》いた。「実《じつ》は私も、母があまり字の読み書きができず、手紙や、学校から保護者への案内を読んであげていたんです」と。聖教新聞を書き写《うつ》して、文字を覚《おぼ》える母の姿に触《ふ》れ、教師になることを決意したという。

創価学会は「校舎《こうしゃ》なき総合大学」。そこで晴れやかに学ぶ庶民こそ、われらの誇《ほこ》りであり模範《もはん》である。

2014・5・3

出発の「5・3」 青年を先頭に 若々《わかわか》しい生命で前進

新学会歌「誓《ちか》いの青年《きみ》よ」の誕生に喜びが広がっている。青年だけでなく、「青年の心意気《こころいき》」をもった壮年・婦人も、〝新しい歌と共《とも》に新しい前進を〟と意気軒高《けんこう》だ。

北海道根室《ねむろ》市の婦人も、その一人。結婚直後から本紙の配達を始めて40年以上。3人の幼子《おさなご》を抱《かか》えながら、今では5人ほどで担当する広大な地域を、1人で配達してきた。子宮筋腫《しきゅうきんしゅ》や胆石《たんせき》も患《わずら》ったが、「配達の使命を貫《つらぬ》きたい」と信心で乗《の》り越《こ》えた。

「池田先生が、新学会歌で『青年《きみ》よ』『後継《きみ》よ』と呼《よ》び掛《か》けられたから、私も後継の青年です。まだまだ頑張《がんば》ります」と彼女。先日、多くの同志に祝福され、配達員永年《えいねん》表彰を受けた。

今年は、ガリレオ・ガリレイの生誕《せいたん》450年。彼が望遠鏡《ぼうえんきょう》で初めて天体観測したのは、40代半《なか》ば。地動説を本格的に唱《とな》えたのは、それ以降だった。文豪《ぶんごう》ブレヒトの戯曲《ぎきょく》でガリレイは言う。「もう沢山《たくさん》のことが発見されたが、これから発見できることはまだ山ほどある。だから新しい世代の人間にもやることはいくらでも出てくる」（岩淵達治訳『ガリレイの生涯』岩波文庫）

池田名誉会長は、「創価学会は、永遠に『青年学会』でいく」と。青年を先頭に、そして皆が若々《わかわか》しい生命で進む、出発の「5月3日」としたい。

2014・5・19

心に師匠を抱《いだ》く限り　勇気が湧《わ》き　希望が輝《かがや》く

93歳になる婦人の家を訪ねた。玄関の引き戸を開けると、柔和《にゅうわ》な笑顔。靴箱《くつばこ》の上の花が目に入った。

「きれいですね」と声を掛《か》けると、日頃《ひごろ》の習慣《しゅうかん》を教えてくれた。軒先《のきさき》を掃《は》いた後、手押《てお》し車で歩いて生花《せいか》店へ向かう。買った花を玄関に飾《かざ》る。「池田先生がいつ何時、『ごめんください』って、いらっしゃるかもしれないからね」。デイサービスなどから帰宅すると、「〝先生、ただいま戻《もど》りました〟って心の中であいさつしますんよ」。

これが学会の強さだ、と教えられた。婦人が暮《く》らすのは大阪。池田名誉会長は青年時代、この街で、世間が驚《おどろ》く創価の拡大の金字塔《きんじとう》を打ち立てた。路地裏《ろじうら》まで分《わ》け入り、長屋《ながや》の玄関を開いて、庶民を励ました歴史が息《いき》づいている。

当時、大阪の友が驚いたのは、東京にいる戸田城聖《じょうせい》第2代会長に電話をする名誉会長の姿勢《しせい》だった。目の前に師匠がいるかのように、身なりを整《ととの》え、正座をして――。場所は離《はな》れても、心は一体だった。

世界に広がった創価の連帯。それを結《むす》ぶ糸は、師から弟子の一人一人に直接、つながっている。「通《かよ》い合う心と心には、壁《かべ》はない。距離を超え、会えなくとも会っている。これが、深き師弟共戦《きょうせん》の精神」と名誉会長。心に師匠を抱《いだ》く限《かぎ》り、いつでも、どこでも、勇気が湧《わ》き、希望が輝《かがや》く。

2014・6・28

高等部50周年
定時制・通信制高校生の集《つど》い「北斗会《ほくとかい》」30周年

345人、8人、そして2人——それぞれ、北海道・天売島《てうりとう》の人口、同島唯一《ゆいいつ》の高校である定時制《ていじせい》高校の生徒数、同校の卓球《たっきゅう》部員の数だ。

卓球部員のうち、1人は女子高等部員。2人で練習を重《かさ》ね、定時制・通信制高校の全国大会の出場権を勝ち取った。島初《はつ》の快挙《かいきょ》。彼女は昼間、保育施設で働《はたら》き、夜に学校へ。疲《つか》れ切った体に自《みずか》ら活《かつ》を入れ、練習に励む。

「働きながら学ぶといっても、この島では普通のこと。むしろ池田先生と同じ青春を過《す》ごせてうれしい」と彼女。池田名誉会長が印刷会社などで働きながら夜学《やがく》に通《かよ》った歴史を、自らの青春と重《かさ》ねる。

今月、高等部は結成50年。同時に本年は、定時制・通信制高校で学ぶ友の集《つど》い「北斗会《ほくとかい》」の結成30年でもある。名の由来《ゆらい》となった北斗七星は一昼夜《いっちゅうや》、また一年中、沈《しず》まないことから、古来《こらい》、時刻を計《はか》る星として重宝《ちょうほう》されてきた。同じように〝自分らしく輝《かがや》き、歩《あゆ》みを止めず、人々に仰《あお》がれる存在に〟と、友は誓《ちか》う。

名誉会長は北斗会の友に呼《よ》び掛《か》けた。諸君は「真実の人間形成が、決して安《あん》逸《いつ》の中になされるものではない」ことを知っている、と。整《ととの》った環境は、人が伸びるための必要条件ではない。厳《きび》しい環境の中で、それを乗《の》り越《こ》えようと挑戦する時こそ成長の節《ふし》が刻《きざ》まれる。

2014・7・11

世界遺産《いさん》・富岡製糸場《とみおかせいしじょう》に学ぶ継承《けいしょう》の努力

4月に世界文化遺産《いさん》登録が勧告《かんこく》されて以来、観光ブームに沸《わ》く群馬の富岡製《とみおかせい》糸場《しじょう》。先月21日に正式決定され、夏休みも、にぎわいが続きそうだ。

同製糸場は、明治政府が殖産興業《しょくさんこうぎょう》の一環として1872年に建設。繭《まゆ》から糸を引き出す繰糸場《そうしじょう》は当時、世界最大規模《きぼ》を誇《ほこ》り、良質な生糸《きいと》の大量生産を実現した。経営母体は変わっても1987年まで一貫《いっかん》して、製糸工場であり続けた。

操業《そうぎょう》停止から27年がたつが、開業当初の建造物が良好に保《たも》たれているのには、理由がある。採算《さいさん》を度外視《どがいし》して、毎年、多額を費《つい》やし、保存に努《つと》めてきた企業の信念が、各紙で報じられた。87年の閉所式で、当時の社長は明言した。〝工場が物心《ぶっしん》両面で若々《わかわか》しく活気《かっき》をもって生き永《なが》らえていくよう、今後も管理・運営を図《はか》る。単なる遺物《いぶつ》や見世物《みせもの》にするつもりはない〟。

人々の心に、何かを生み出し続けてこそ、「遺物」でなく「遺産」といえる。だが、新たな使命を得《え》て、生き続けるには、それを継承《けいしょう》するための努力あってこそである。

7月は、広布の歴史が重《かさ》なる月。三代の会長が「権力の魔性《ましょう》」との人権闘争で逮捕・投獄され、峻厳《しゅんげん》なる死身弘法《ししんぐほう》の行動が刻《きざ》まれた月である。その精神に学び、後《あと》に続く青年がいる限《かぎ》り、歴史は「鑑《かがみ》」として光り続ける。

2014・7・17

「7・17」――関西魂《だましい》の「不敗《ふはい》の原点」

戦後に築かれた社会資本が、次々と建《た》て替《か》えの時期を迎えている。東京では、男子部員の〝精鋭《せいえい》10万〟が集《つど》った国立競技場が、五輪のため解体工事へ。戸田第2代会長の御書講義が開かれた豊島《としま》公会堂も2年後に閉館の計画という。

草創《そうそう》の広布史の舞台が消えゆくのは寂《さび》しいが、一方で「永久保存」となった戦前からの建物もある。大阪・中之島《なかのしま》の大阪市中央公会堂である。

「あの悔《くや》しさは、忘れへん」と、ある関西の婦人。昭和32年7月17日、出獄した池田名誉会長を迎え、公会堂で開かれた大阪大会。豪雨《ごうう》が、場外に設《もう》けられたスピーカーの音もかき消した。それでも婦人は動かない。無実の罪で、師匠を不当《ふとう》逮捕した権力の横暴《おうぼう》が許せなかった。

中之島周辺でも今、複数の高層ビルの建設計画が進むが、その中に悠然《ゆうぜん》と立つ赤レンガと青銅《せいどう》屋根の公会堂は、そこだけ時を止めたかのよう。あの日の熱烈《ねつれつ》な拍手、音楽隊の熱演、沸《わ》き上がる庶民の喚声《かんせい》が、今も聞こえてくるようだ。

堂島川《どうじまがわ》を挟《はさ》み、公会堂の対岸にあった大阪地検を見ながら、婦人は誓《ちか》った。「戦いは絶対に負けたらあかん」。この「不敗《ふはい》の原点」は関西魂《だましい》として深く刻《きざ》まれる。信教《しんきょう》の自由を守る「7・17」の精神は、赤レンガの輝《かがや》きとともに、同志の心に燃え続ける。

2014・8・12

目標が大きければ　その分だけ大きな力《ちから》を出せる

台風一過《いっか》の甲子園《こうしえん》開会式。「誕生90年という節目《ふしめ》の年。今、この場所に立てることを誇《ほこ》りに感じています」。栃木・作新《さくしん》学院の主将が立派《りっぱ》に選手宣誓《せんせい》した。

「甲子園、その存在が、私たちを大きく成長させてくれます」

全国3917校中、予選を勝ち抜いたのは、49校。頂点へ激闘は続く。試合ゆえに勝敗はつきものである。しかし、大舞台を目指した努力と友情こそが掛《か》け替《が》えのない宝であることを、振《ふ》り返《かえ》ったときに実感することだろう。

一方、英知の熱戦が展開されたディベート甲子園では、創価中学・創価高校がそろって全国優勝を成《な》し遂《と》げた。かつて創立者の池田名誉会長が東西の学園生に贈った和歌にこうある。「弁論《べんろん》は／世界に平和を／打ち立てる／最も正しき／法《ほう》理《り》なるかな」。メンバーの一人は「自分たちのやっている弁論が、創立者の目指す世界平和の力《ちから》になっていくんだ」と思ったことが、努力を続けていく原動力になったと語る。

目指す目標が大きければ、その分だけ大きな力を出せる。目標が崇高《すうこう》であれば、その分だけ、自《みずか》らを厳《きび》しく鍛《きた》えることができる。それが青春の生命の素晴《すば》らしさであろう。

10年後、20年後の日本と世界を担《にな》っていく、頼《たの》もしい中高生たちの真剣な汗光る夏にエールを送りたい。

2014・9・4

未来を形作《かたちづく》る知恵は　最前線の現場にある

福島県いわき市の沿岸《えんがん》地域を訪《おとず》れた。急な坂を下りると、津波で大きな被害を受けた町の中に、大きな煙突《えんとつ》が見える。常磐《じょうばん》共同火力株式会社の勿来《なこそ》発電所である。

同発電所の沿革《えんかく》は特徴的だ。1950年代、国のエネルギー政策の転換で、石炭は石油に取って代わられようとしていた。特に、石炭の中でも、質の悪いもの（低品位炭《ていひんいたん》）の需要《じゅよう》はどんどん低下した。

「やっかいもの」とされた低品位炭を専門に扱《あつか》う発電所として、「勿来」は建設される。さらに、国内の炭鉱《たんこう》が縮小するにつれ、質の異《こと》なる海外炭の利用や、重油との混合《こんごう》も余儀《よぎ》なくされた。さらに、石炭を液化《えきか》・気化《きか》し、環境負担《ふたん》の低い発電も考案した。汚泥《おでい》や木材も燃やせるようになった。

政府の政策、経済効率《こうりつ》や環境への意識の変化――それらに翻弄《ほんろう》されたかに見える「勿来」は、それら全《すべ》てを乗《の》り越《こ》え、多様《たよう》な発電が可能な、最先端の発電所として、今、内外の高い評価を誇《ほこ》る。

時代の波に洗われるばかりに見える地方や社会の片隅《かたすみ》。実《じつ》はそこに、未来の片《へん》りんが形作《かたちづく》られている場合がある。広布の活動も、知恵は最前線の現場にこそある。地元に帰って参加した地区の協議会。秋の活動へ、目標やさまざまな企画が語り合われていた。小さな未来の兆《きざ》しが芽吹《めぶ》いていた。

2014・9・5

〝私は地涌《じゆ》の菩薩《ぼさつ》だ　負けてたまるか〟

92歳で亡《な》くなった壮年部員の葬儀《そうぎ》に参列した。今世《こんぜ》の使命を全《まっと》うした安らかな姿を、列席者たちは感謝《かんしゃ》の題目で見送った。

斎場《さいじょう》の控室《ひかえしつ》で一枚の紙が回《まわ》された。「地涌《じゆ》の菩薩《ぼさつ》だ　負けてたまるか」。壮年は自《みずか》らつづったその厚紙《あつがみ》を、闘病中も御本尊のそばに掲《かか》げ続けた。若いころから体が弱かった。太平洋戦争では徴兵《ちょうへい》されず、そのことに戦後も負《お》い目を感じていたという。病弱を治《なお》したい一心で信心を始め、折伏に励んだ。

孫《まご》の一人が「地涌の菩薩って何？」と首をひねった。参列者の一人が「毎日、勤行で法華経《ほけきょう》を読むでしょう。その法華経で、一番重要な登場人物だよ」と話し始めた。

「皆《みな》地涌の菩薩の出現《しゅつげん》に非《あら》ずんば唱《とな》へがたき題目なり」（御書1360ジペー）。幾万《いくまん》の学会員がこの一節を心に抱《だ》きしめ、逆境《ぎゃっきょう》から立ち上がってきた。――あの飄々《ひょうひょう》としたおじいちゃんも、そんな強い思いを持っていたのか。孫は厚紙に視線を落とし、うなずいていた。残された一枚の紙が、祖父から孫へ、世代を超えて思いをつないだ。

今月の教学部初級試験・青年部教学試験3級でも、「地涌の菩薩」について詳《くわ》しく学ぶ。我《われ》こそは地涌の菩薩なり――この自覚を胸に「負けてたまるか」と生き抜く姿こそ、何よりも雄弁《ゆうべん》な「御書根本」のお手本である。

2014・9・7

「頼《たの》むぞ」——師・松陰《しょういん》は後事《こうじ》を弟子に託《たく》した

「西の小京都」と称される山口・萩市《はぎ》。道の駅「萩往還《おうかん》」には、幕末《ばくまつ》の思想家・吉田松陰《しょういん》を中心に、高杉晋作《しんさく》、久坂玄瑞《くさかげんずい》ら門下生の銅像群《どうぞうぐん》が立ち並ぶ。

今年は松陰没後《ぼつご》155年。刑死《けいし》の前日につづられたのが、遺言《ゆいごん》の書「留魂録《りゅうこんろく》」である。死を覚悟《かくご》した松陰は、「頼《たの》むぞ、心の底《そこ》から頼むぞ」と、後事《こうじ》を弟子に託《たく》す言葉を紡《つむ》ぎ続けた（奈良本辰也著『吉田松陰著作選』講談社学術文庫）。遺志《いし》を受け継《つ》いだ弟子たちが、新時代の夜明けを開いた。

戸田第2代会長から学会の未来を託された池田名誉会長は、師の一言《ひとこと》一言を全《すべ》て重《おも》く受け止めた。創価の人材拡大はもちろん、幼稚園から大学の教育施設、文化興隆《こうりゅう》の諸団体、平和研究の諸機関の設立など、何一つないがしろにせず、師の構想を実現してきた。

御書に「若《も》し日蓮無《な》くんば仏語《ぶつご》は虚妄《こもう》と成《な》らん」（507ジペー）と仰《おお》せである。広宣流布とは、仏の金言《きんげん》を〝虚言《きょげん》〟〝妄言《もうげん》〟におとしめない戦いであり、創価の歴史は、師匠の言葉を、弟子が現実社会の中で具体的に証明していく闘争の連続であった。

次は私たちの番だ。「平和の世紀」「生命の世紀」「教育の世紀」の創造を——この師匠の断固《だんこ》たる決意をわが心として、世界へと使命の翼《つばさ》を広げ、人類貢献《こうけん》の大道《だいどう》を歩《あゆ》んでいこう。

2014・9・15

きょう「敬老《けいろう》の日」
チェロの巨匠〝引退という言葉は私には縁《えん》がない〟

厳《きび》しさに耐《た》え、ひとすじの道を貫《つらぬ》き続けた人には、いぶし銀《ぎん》のような輝《かがや》きがあり、言葉に味わいがある。

小野二郎氏は、オバマ米大統領が立ち寄《よ》った東京・銀座の店で腕を振《ふ》るう、88歳のすし職人。予約の時間に合わせてご飯を炊《た》き分け、料理が出来上がった瞬間《しゅんかん》に、一番おいしく味わえるように仕上げる。「止まったらそこで終わり。自分がこの仕事を終わるまでは、一生修業《しゅぎょう》」と氏。妥協《だきょう》なき挑戦が、最高の味をつくる

(『江戸前の流儀』小松正之監修、中経出版)。

90歳を超えて活躍した、チェロの巨匠パブロ・カザルス。「引退という言葉は今も将来も、私には縁《えん》がないし、私にはそんなことは思いも寄《よ》らぬ考えである」と言った（『パブロ・カザルス　喜びと悲しみ』吉田秀和・郷司敬吾訳、朝日新聞社）。

現実には、年を重《かさ》ねれば体力の衰《おとろ》えなど、老《お》いの苦悩に直面するもの。だが、「心の成長には限《かぎ》りがない」と池田名誉会長は語る。色心《しきしん》（身心《しんしん》）は不二《ふに》であるゆえに、体が衰えてくる老境《ろうきょう》こそ、心の健康から体の健康を導《みちび》く生き方が大切になるだろう。

その原動力が、たゆまぬ信行学《しんぎょうがく》の実践。御書に「日夜朝暮《にちやちょうぼ》に又懈《またおこた》らず磨《みが》くべし」（384ジペー）と仰《おお》せの通りである。生き生きと、心に宝を積《つ》みゆく日々を。

きょうは「敬老《けいろう》の日」。

2014・9・26

広布を支《ささ》える全同志に「ありがとうございます」の声を

「我《われ》らのブロック長、白ゆり長、総白ゆり長に、最敬礼《さいけいれい》して感謝《かんしゃ》申し上げたい」――今月の「大白蓮華」の巻頭言《かんとうげん》で池田名誉会長が呼《よ》び掛《か》けた。

総東京ではブロック長の呼称《こしょう》が「本陣長《ほんじんちょう》」と決まり、喜びは倍加《ばいか》。ある座談会では、運送会社で不規則《ふきそく》勤務の中、広布に奮闘《ふんとう》するブロック長が決意を述べると、会場から「本陣長、いつもありがとう」との声援が。感謝を言葉に表《あらわ》すことの大切さを感じた。

エッセイストの浜文子《はまふみこ》さんが本紙の連載で、夫婦や親子など、自分が最も世話になっている人に、誰よりも無神経になってしまう人間の傾向を指摘していた。そして「親《した》しき仲」にも、安らぎや潤《うるお》いを生む言葉が大事であることに気づき合いたいと（9月21日付）。

法華経《ほけきょう》に「雖近而不見《すいごんにふけん》（近しといえども、しかも見えず）」との言葉がある。自分に近いのに見えない。大切な存在なのに気づかない場合がある。先日も約30年、本紙の配達を続けてきた友から「今も夜寝《ね》る時、あすは寝坊《ねぼう》しないかと不安になります」と言われ、胸をつかれた。毎朝、新聞が読者のもとへ届《とど》くまでには、どれほどの祈りと格闘《かくとう》があることか。

本紙の拡大に尽力《じんりょく》する新聞長はじめ同志の方々にも感謝は尽《つ》きない。広布を支《ささ》える全《すべ》ての人に「いつもありがとうございます」の声を。

2014・10・9

JR信濃町《しなのまち》駅が開業120周年
「全民衆のため」との責任感が　未来に残る事業を成《な》す

創価学会総本部《そうほんぶ》の最寄《もよ》り駅であるJR信濃町《しなのまち》駅がきょう、開業120周年を迎えた。東京駅開業より20年早い1894年、甲武《こうぶ》鉄道の駅として設《もう》けられた。今では毎日、2万7000人が利用する。

同鉄道（現・JR中央線）を建設したのは雨宮敬次郎。各地に多くの鉄道を建設し、日本中に自社の機関車を走らせた鉄道王として知られる。その実像は、結核を患《わずら》いながらも、人々のために豪放磊落《ごうほうらいらく》に突き進む〝努力の人〟だった。

「真に価値ある事業」について、彼は述べている。〝30年か50年の仕事をして、それが自分と共《とも》に朽《く》ちるようでは何になるか〟〝自分のやった事業が末代《まつだい》まで続けば、魂《たましい》がとどまるから、自分は永久《えいきゅう》に死なない〟と（『鉄道王　雨宮敬次郎　ど根性一代』東洋出版）。

自身の安楽《あんらく》を超《こ》えて、社会の安寧《あんねい》のために。自身の短い人生を超えて、将来を生きる世代のために。この責任感に立ってこそ、未来に残る事業は成《な》せる。創価の運動の世界的な大発展も、全民衆の救済のため、師匠のために一身《いっしん》をなげうつ三代会長の誓《ちか》いに、その源《みなもと》を発している。

来月は「創立の月」。広宣流布大誓堂《こうせんるふだいせいどう》の落慶《らっけい》から1周年を迎える。総本部を訪《おとず》れる誓《ちか》いの同志らが行き交《か》う信濃町。そのにぎわいはこの秋も、これからも続いていく。

2014・10・17

価値あるものを創造することが人間の証《あか》し

ノーベル物理学賞に選ばれた中村修二教授は、大学では工学部に進んだ。物理を学びたかった気持ちもあり、工学への関心は薄《うす》かった。だが、興味深い大学の講義に心を動かされ、電子工学の道で、「もの作り」の醍醐味《だいごみ》を体得《たいとく》していった。

その後、地方の化学薬品メーカーに入社し、開発課に配属。だが十分なスタッフや予算が付かない。ならば、と実験装置まで自《みずか》らの手で作り、ついに青色発光《はっこう》ダイオードを開発した。当時、苦労続きの氏を支《ささ》えたのは、価値あるものを創造することが人間たる証《あか》しという信念だった。

先日、創価大学の講義「トップが語る現代経営」に、河北《かほく》新報社の一力《いちりき》雅彦社長が登壇した。同社は「東北振興《しんこう》」を社是《しゃぜ》に掲《かか》げ、創刊117周年を刻《きざ》んだ東北地域の新聞社。東日本大震災では甚大《じんだい》な被害を受けた。

講義で社長は力説《りきせつ》した。「非常時の今、正確な情報を読者に届《とど》けずして、何のために100年以上も発行してきたのか」。東北復興の一翼《いちよく》を担《にな》う深い決意がこもっていた。

創大構内に立つブロンズ像の台座には、創立者・池田名誉会長の指針が刻まれている。「労苦《ろうく》と使命の中にのみ　人生の価値《たから》は生まれる」。苦難の中で燃やす使命の炎《ほのお》が人間を鍛《きた》え、価値を創造する。時代を超《こ》えた普遍《ふへん》の真理である。

2014・11・2

日本と世界の課題に切り込む頼《たの》もしき学生部員の挑戦

「大学祭」のシーズンを迎えている。キャンパスで学ぶ学生部の友が、「核兵器廃絶《はいぜつ》」や「日中友好」など、多彩《たさい》なテーマで企画を展開している。

神戸の大学に通《かよ》うメンバーは、「人と人との繋《つな》がり」をテーマにパネル展示を行《おこな》った。中心者の学生部員は、東日本大震災後、宮城県石巻市《いしのまきし》を訪《おとず》れ、子どもたちが遊ぶ広場作りの活動に参加。そこで、「絆《きずな》の大切さ」を感じたという。

展示は、阪神・淡路《あわじ》大震災をきっかけに社会問題化した「孤独死《こどくし》」に触《ふ》れつつ、東日本大震災の被災地で結《むす》ばれた「絆」を紹介。多数の来場者を迎え、東北の復興を願う心の連帯を広げた。彼は言う。「神戸で学ぶ学生だからこそ、被災された方々に思いをはせ続けたい」

模擬《もぎ》店等もいいが、日本と世界の課題に切り込む、粗削《あらけず》りだが真っすぐな学生の挑戦を垣間見《かいまみ》ることこそ、大学祭の醍醐味《だいごみ》。その先頭に立つ学生部員の姿が頼《たの》もしい。池田名誉会長も、創価大学生のみならず、各地の大学で奮闘《ふんとう》する学生部員に、陰《いん》に陽《よう》に励ましを送ってきた。「民衆の幸福のために、すべての哲学と知性を総動員する社会をつくらねばならない」。この〝大革命〟の先頭に立つ使命が学生にはある――と。

未来を担《にな》う俊英《しゅんえい》の奮闘に、皆で応援を送ろう。

2014・11・29

「民衆を強くする」創価の運動

労働人口の減少等の制約条件に加え、GDP（国内総生産）が2期連続で減少する今、経済の立《た》て直しが国民的議論の中心にある。

「行き詰《づ》まったら原点に返れ」とは牧口常三郎《つねさぶろう》初代会長の教え。具体策は政治の仕事として、本質から考えたい。参照したいのは内村鑑三《うちむらかんぞう》の言葉だ。「経済の背後《はいご》に政治あり、政治の背後に社会あり、社会の背後に道徳《どうとく》あり、道徳の背後に宗教あり。宗教は始《はじ》めにして経済は終《おわ》りなり」（『内村鑑三所感集』岩波文庫）

内村は昭和5年、創価学会の創立の年に世を去ったが、その後の日本の歩《あゆ》みは、社会の興廃《こうはい》の底流《ていりゅう》に思想・宗教があるとする彼の言に、符合《ふごう》するかに思える。国家神道に国民を糾合《きゅうごう》した戦前の日本は、ついに破滅《はめつ》した。戦後の高度成長の歩《あゆ》みの中、それを支《ささ》える庶民に希望を与《あた》えたのは、創価学会の運動であり、「人間革命」の思想であった。

内村は『代表的日本人』に日蓮大聖人を挙《あ》げた。権力と対峙《たいじ》する「勇気」を尊敬したからだが、一方でこう書いた。「所謂《いわゆる》『佛敵《ぶってき》』には極《きわ》めて瑕借《かしゃく》なかった彼は、貧《まず》しきもの悩《なや》めるものに接する時、人として最も柔和《にゅうわ》なる人であった」（岩波文庫）

創価学会の根本精神も、真っすぐここに連《つら》なる。民衆を励まし民衆を強くする運動こそが、社会の繁栄《はんえい》の基盤《きばん》をつくる。

2014・12・2

小説「人間革命」執筆《しっぴつ》50周年

聖教新聞本社の展示室に、新聞の枠組《わくぐ》みの中に鉛《なまり》の活字《かつじ》がぎっしり並ぶ「組版《くみはん》」が置いてある。本紙が1988年まで活版印刷《かっぱんいんさつ》だった〝証《あか》し〟だ。今はコンピュータ制作だが、かつては、人が一文字ずつ活字を拾《ひろ》い、それを組んだものから鉛版を作って刷《す》った。

池田名誉会長も若き日、東京・新橋の印刷会社に勤《つと》めた。一つ一つの活字は鉛の塊《かたまり》にすぎないが、それが組み合わされ、文章になって印刷されると、人の心を動かす力《ちから》を持つ。

「文字通り、活字は生きている。文字は偉大な生命を持っている」。この思いを、当時通《かよ》っていた夜学の校長に話すと、たいそう褒《ほ》めてくれた。

「その通りだよ。トルストイを見るがいい。ユゴーを見るがいい。人間ばかりでなく、社会も、世界も動かしていくのが文学だ」

この時、名誉会長の胸に〝いつか文をもって、世界中の人々に語り掛《か》けたい〟という大志《たいし》が宿《やど》った。「忘れられない思い出」として随筆《ずいひつ》に記《しる》されている。

「われわれは、人生における最大の精神的恩恵《おんけい》を書物に負《お》うている」（北御門二郎訳）――トルストイが、エマソンの箴言《しんげん》として書き留めた言葉だ。50年にわたる小説『人間革命』『新・人間革命』の執筆《しっぴつ》の戦いに感謝《かんしゃ》し、自身の人間革命の勝利劇をつづっていきたい。

2014・12・9

師弟の曲《きょく》を響《ひび》かせ　総仕上《そうしあ》げの完走を

10周年を迎えた東京・信濃町の民音音楽博物館。同館では現在、日本で最初に音楽博物館の設立を提唱した音楽学の権威「田邉尚雄《たなべひさお》」展が開かれている。

氏は1883年に信濃町に生まれ、生家は同博物館のある民音文化センターと1番地違《ちが》い。日本を西洋文化の模倣《もほう》国家ではなく、一流の文化国家に育てる志《こころざし》をもち、民音の発展にも限《かぎ》りない期待を寄《よ》せた。

論文「道徳と音楽」で氏は、シューマンの「最高の芸術は道徳と一致《いっち》す」等の言葉を引き、洞察《どうさつ》する。「音楽は道徳の手段ではなく、正しい音楽芸術それ自身がすなわち道徳というものである」。音楽は本来、余興《よきょう》や、何かの手段の地位に甘《あま》んじるものではない。精神の深みから生まれた一流のそれは、人に生きる希望を与《あた》え、社会を動かす力《ちから》さえ持つ。

本紙連載の小説『新・人間革命』では今、学会歌「広布に走れ」の誕生などが描かれる。この1978年夏、池田名誉会長は未来部歌「正義の走者」、方面歌「常勝《じょうしょう》の空」「この道の歌」などを次々と同志に贈った。長く歌われてきた学会歌の名曲ばかり。師弟の絆《きずな》を断《た》とうとした障魔《しょうま》の嵐の中だからこそ、激《はげ》しく友の胸を打った。

本物の歌は心を燃やし、心と心を結《むす》ぶ。広布の旋律《せんりつ》、師弟の曲《きょく》を命に響《ひび》かせ、総仕上《そうしあ》げの12月を完走しよう。

2014・12・17

普段から「こまめに驚《おどろ》くこと」

武道家にとって、「驚《おどろ》かされること」は最も避《さ》けるべき状況の一つという。心《しん》身《しん》の能力が著《いちじる》しく低下してしまうからで、それに対処《たいしょ》するには、普段から「こまめに驚くこと」だと、武道家でもある思想家の内田樹《たつる》氏が述べていた（『街場の憂国会議』晶文社）。

「驚かされる」に対し、「驚く」は能動的《のうどうてき》な振《ふ》る舞《ま》い。普段から微小《びしょう》な変化に細《こま》かく反応することで、いざという時に、それほど驚かされずに済むという。

要人警護《けいご》のSPの心得《こころえ》も、これと似たところがあるようだ。事が起きる前に、芽《め》を摘《つ》むことが最も大事な仕事だ。警護する人の通り道を毎日歩き、「ないはずのもの」があったり、「あるはずのもの」がなかったり、人が気づかない変化に目をこらすことで、大きな危険を回避《かいひ》する。

予兆《よちょう》はないか、気を配《くば》る。過去の事例に学び、〝こんなこともあるのか〟と驚いておく。これらは、日常の防災・防犯にも役立つ。

御書には「賢人《けんじん》は、安全な所にいても危険に備《そな》え、邪《よこしま》で愚《おろか》かな人は、危険な状態にあっても安穏《あんのん》だと思う」（９６９ページ、通解）と。信心を壊《こわ》す悪知識《あくちしき》を遠ざけよ、との仰《おお》せだが、万般《ばんぱん》に通じる道理を説《と》かれている。気ぜわしい年末を迎える。安心は与《あた》えられるものではなく、自《みずか》らつかんでいくものと心得《こころえ》たい。

2014・12・29

「希望」を届《とど》けてくださった配達員の皆様に　心から感謝

年の初めが寒い時期であることをよしとしたのは、希代《きだい》のコラムニストといわれた深代惇郎《ふかしろじゅんろう》だった。寒さが空気を引き締《し》め、人の身も心も凛《りん》とさせる季節こそ、新しい決意で新しい年を迎えるのに、ふさわしい。

真冬に送る年賀状でも、「新春」「迎春」と書く。旧暦の季節感の名残《なごり》だが、そこから人は、喜びあふれる一年に、との思いを受け取る。厳冬《げんとう》の中、決意を抱《いだ》き、鍛錬《たんれん》に励む人の心の中に、希望の春は鼓動《こどう》を始めるのだろう。

昼が最も短い「冬至《とうじ》」を過ぎた。立冬《りっとう》と立春《りっしゅん》の中間にあたり、これからは、日ごとに昼が長くなっていく。天の運行は、冬から春へ助走を開始している。

本年の年頭の座談会で、無冠《むかん》の友（本紙配達員）の壮年が語っていた。ほぼ毎日、同じ時刻に配達へ出掛《でか》け、帰宅する彼は、ある朝、風景の変化に気が付いた。「先週まで、この場所では夜明け前だったはずだが」。風は身を切るように冷たいが、少しずつ日の出が早まっていることを知った。「グイグイと春を引き寄《よ》せているように感じます。ますます健康で配達に励みます」。壮年の心意気《こころいき》に、同志は感謝《かんしゃ》の拍手を送った。

無冠の友は本年も、四季を通し、本紙と共《とも》に「希望」を読者に届《とど》けてくださった。その尊《とうと》き姿に襟《えり》を正し、新たな年へ向かいたい。

名字《みょうじ》の言《げん》　選集《せんしゅう》〈2〉

2015年5月3日　初版第1刷発行
2015年5月9日　初版第2刷発行

編　者　聖教新聞社
発行者　大島光明
発行所　株式会社　鳳書院
〒101-0061 東京都千代田区三崎町2-8-12
電話番号　03-3264-3168（代表）
印刷所　図書印刷株式会社
製本所　大口製本印刷株式会社

Printed in Japan 2015
ISBN978-4-87122-183-2